Theo Rolle

Europäische Zusammenschlüsse

I. Die Krise des Nationalstaates im 19. Jahrhundert

a) Der Werdegang des nationalen Denkens

Die Staatenwelt Europas ist aus dynastischen Herrschaftsgebieten herausgewachsen. Einzig Frankreich und England waren – nicht zuletzt aus einem Gegensatz zum universalistisch orientierten römisch-deutschen Reichsgedanken heraus – den Weg des Nationalstaats gegangen, dort repräsentiert durch das zu absoluter Macht aufsteigende nationale Königtum, hier durch das Parlament. In der Französischen Revolution war das von Gottes Gnaden souverän regierende Königtum abgeschafft worden, an seiner Stelle hatte nach dem Vorgang der Vereinigten Staaten von Nordamerika sich das autonom selbst regierende Volk zum Träger des Staates proklamiert, ein Beispiel, das weit ins 19. und 20. Jahrhundert hineinwirkte und an den Grenzen Frankreichs, ja Europas nicht haltmachte. Im Widerstand gegen die ihnen gewaltsam auferlegte Herrschaft des Usurpators Napoleon I. waren die unterdrückten Völker Spaniens und Deutschlands zu nationalem Selbstbewußtsein erwacht. Joh. Gottfried Herder hatte den Gedanken konzipiert, daß die Einheit des Menschengeschlechtes in der Mannigfaltigkeit und dem Reichtum des geschichtlichen Lebens beruhe. Der Geist des organisch gewachsenen Volkstums ist ihm der Wurzelgrund aller Kulturen, die daher ihren Eigenwert haben und nur dort zu gedeihen vermögen, wo sie in ihrer Eigenart sich entfalten. Aus Herders Gedanken schöpften viele Völker Europas ihr nationales Selbstverständnis.

Schauplatz des Ringens um eine politische Neugestaltung auf nationalstaatlicher Grundlage war zunächst Europa. Die Energien, die das 18. Jahrhundert in das Reich des Geistes investiert hatte, verlagerten sich im 19. auf das Feld der Politik. Herders Gedanke vom Volksgeist wurde nun zur Forderung nach dem „Selbstbestimmungsrecht der Völker". Das Europa Metternichs, der nach dem Grundsatz der Legitimität und der Heiligen Allianz der christlichen Monarchien letztmals eine übernationale Ordnung in Europa aufzurichten versuchte, erschien als eine dem ehernen Gang der Weltgeschichte sich vergebens in den Weg stellende Reaktion. Das italienische Volk begehrte und erwarb mit Leidenschaft seinen nationalen Staat. Bismarck löste mit Blut und Eisen die deutsche Frage und schmiedete sein kleindeutsches Kaiserreich. Die Völker der Balkanhalbinsel befreiten sich von der drückenden Herrschaft der Hohen Pforte, und der Nationalitätenstaat Österreich-Ungarn löste sich in nationale „Nachfolgerstaaten" auf.
Der Nationalstaat entsprach im 19. Jahrhundert auch den wirtschaftlichen Erfordernissen der Zeit. Es ist kein Zufall, daß die politische Einheit der Deutschen durch einen Zollverein vorbereitet wurde. Die Industrielle Revolution, die – von England ausgehend – Europa erfaßte, bedurfte für ihre maschinelle Massenproduktion großer, gesicherter Märkte. Obendrein konnten nur im größeren, nationalen Rahmen jene Kapitalien aufgebracht werden, die der Einsatz von Maschinen verschlang. Militärische Überlegungen gingen in die gleiche Richtung. Das Berufsheer des absolutistischen Fürstentums hatte in den Revolutionskriegen versagt. Das „Volk in Waffen" aber bedurfte, wie die Befreiungskriege gezeigt hatten, einer die Massen beflügelnden Idee. Und nur der Staat, der über eine nationale Schwerindustrie verfügte, war in der Lage, Massenheere und Flotte im Kriegsfall aus eigener Produktion zu versorgen. Wer auf Zufuhr angewiesen war, geriet in Abhängigkeit, es sei denn, daß er die Meere beherrschte, wie Großbritannien. Im

1 Rolle, Fragenkreis (23230)

Wettlauf mit dieser einzigen Weltmacht des 19. Jahrhunderts suchten auch die anderen großen Nationalstaaten Europas den „Platz an der Sonne", indem sie ein Kolonialreich aufbauten, dessen Rohstoffe und Bodenschätze unter eigener Flagge ins Mutterland kamen, während gleichzeitig die Arbeits- und Konsumkraft der „Eingeborenen" das nationale Potential vermehrte. Der europäische Imperialismus war eine unmittelbare Folge des europäischen Nationalismus.

b) Die Problematik der nationalstaatlichen Ordnung

So drängte im 19. Jahrhundert von vielen Seiten her die Entwicklung dem Nationalstaat zu. In ihm erfüllte sich, so mochte es diesem so geschichtsgläubigen Zeitalter scheinen, der Sinn des fortschreitenden historischen Prozesses. Gar bald aber wurde offenbar, daß an eine Aufrichtung einer nationalstaatlichen Ordnung nur gedacht werden konnte, wenn das mit so vieler Mühe ausbalancierte Gleichgewicht der Kräfte in Europa zusammenbrach. Gefährlichen und unkontrollierbaren Entwicklungen wurde dadurch Raum gegeben. Obendrein standen dem Begehren, jedem Volk seinen eigenen Staat zu geben, die geographischen Gegebenheiten Europas entgegen. Schon der erste Nationalstaat Europas forderte daher die über seinen Sprachraum hinausgreifenden „natürlichen Grenzen Frankreichs", vor allem den Rhein, und rief damit den deutschen Nationalismus auf den Plan. In der Tat gab es manchen von der Natur her als Einheit zu betrachtenden Raum (Böhmen, Ungarische Tiefebene), der von verschiedenen Nationalitäten bewohnt war. Hier und andernorts ergaben sich tiefgreifende Unterschiede zwischen völkischer Verschiedenheit und landschaftlicher oder auch wirtschaftlicher Einheit. Schließlich hatten auch die Generalstäbe aller Staaten ihre eigenen Vorstellungen über eine unter strategischen Gesichtspunkten zu ziehende Grenze, die mit der jeweiligen Sprachgrenze sich keineswegs deckte (z. B. in Lothringen). Vor allem aber war es gar nicht möglich, eindeutige Sprachgrenzen festzulegen, und so blickte fast jedes europäische Volk voll leidenschaftlicher Begier auf ein „unerlöstes Gebiet" jenseits seiner Grenze. Es war die Tragik des Nationalismus, daß er, der geeignet schien, ein Zeitalter des Friedens einzuleiten — da jedes Volk die Freiheit, die es in Anspruch nahm, auch den anderen Völkern gönne —, in eine Reihe von Konflikten einmündete, die mit bisher unbekannter Leidenschaft ausgetragen wurden. Grillparzers düstere Prophezeiung, der Weg Europas führe „von der Humanität über die Nationalität zur Bestialität", erfüllte sich im entfesselten Nationalismus.

c) Die Krise des Nationalstaates

Von vornherein gab es auch Gegenkräfte, nur vermochten sie sich nicht durchzusetzen. Die katholische Kirche verstärkte im Zeitalter der nationalen Auflösung Europas ihre Zentrale und hielt seit 1881 internationale Eucharistische Kongresse ab. Im Protestantismus keimte der ökumenische Gedanke. International organisierte sich die von Karl Marx zum Klassenbewußtsein erzogene Arbeiterschaft, und dies um so mehr, als der Träger des Nationalstaats der „Klassenfeind", das Bürgertum, war. Im Reiche des Geistes aber gab es ohnedies keine Grenzen.

Auf dem Felde der Wirtschaft aber sowie der Politik und der Verteidigung wachten die großen Nationalstaaten ängstlich über ihre in so hartem Kampfe errungene Souveränität. Eine übernationale Einrichtung, wie der 1899 ins Leben gerufene „Ständige Gerichtshof" in Den Haag zur Schlichtung von Streitigkeiten unter den Staaten, blieb daher ohne rechte Wirkung.

So gingen denn die beiden Weltkriege über Europa hinweg. Ihr Ergebnis war aber nicht der Sieg eines der rivalisierenden europäischen Nationalstaaten, sondern die Vernichtung der Weltgeltung des Weißen Mannes. Während die europäischen

Nationen sich bis zum Zusammenbruch befehdeten, hatte der Gedanke des Selbstbestimmungsrechts der Völker die farbige Menschheit ergriffen, und so mußten die nationalen Imperien in Afrika und Asien liquidiert werden. Es war nur zu natürlich, daß die Europäer angesichts dieser Entwicklung sich wieder auf ihre Zusammengehörigkeit besannen. Die Auflösung des europäischen Gemeinschaftsbewußtseins im 19. Jahrhundert war ja im Grunde nur die Kehrseite jenes Vorgangs, den man gemeinhin die „Europäisierung der Erde" nennt. Solange der europäisch-abendländische „Gesellschaftskörper" im Wettbewerb und Wettstreit mit anderen Kulturen lag, der islamischen beispielsweise, trat das die Europäer Trennende zwangsläufig hinter dem zurück, was sie verband. Im 19. Jahrhundert fiel diese Konkurrenz weg. Die anderen Kulturen schienen unter dem Einfluß der von Europa ausgehenden Zivilisation ihrem raschen Verfall entgegenzugehen. Jetzt aber war Europa auf sich selbst zurückgeworfen. Der souveräne Nationalstaat war damit geistig überholt. Er war es ebenso wirtschaftlich und militärisch. Weder waren mit den im Zweiten Weltkrieg entwickelten Waffen kleinräumige Gebiete zu verteidigen, noch entsprach die Produktions- und Konsumkraft der europäischen Nationalwirtschaften den Produktionsbedingungen und Markterfordernissen einer Zweiten Industriellen Revolution, die einst Henry Ford mit der Fließbandarbeit eingeleitet hatte. Nur noch Großräume sind heute im wirtschaftlichen Wettbewerb konkurrenzfähig, nur noch „Weltmächte" haben die militärische Kraft zur Abwehr oder doch zum Gegenschlag. Die europäischen Nationalstaaten aber sind weder das eine noch das andere. So fühlten sich die geschwächt aus dem Zweiten Weltkrieg hervorgehenden westeuropäischen Nationalstaaten von der so sehr erstarkten Sowjetunion in ihrer politischen Selbständigkeit und ihrem Gesellschaftssystem bedroht. Der Gedanke eines wie immer gearteten Zusammenschlusses erhielt auch von daher Auftrieb. Hatte man im Westen doch das Beispiel der nach dem Ersten Weltkrieg entstandenen kleinen Nationalstaaten Ost-, Mittel- und Südeuropas vor Augen, die mit Ausnahme Jugoslawiens als Volksdemokratien völlig von der Sowjetunion abhängig zu sein schienen. Dieses Bild von den sog. „Satellitenstaaten" wurde nach dem Tode Stalins zunächst im Sinne einer größeren politischen Bewegungsfreiheit dieser Länder modifiziert, was nicht ohne hemmende Rückwirkungen auf die westeuropäischen Integrationsbestrebungen blieb. Die sog. „Breschnew-Doktrin" von der beschränkten Souveränität der Staaten des sozialistischen Lagers leitete dann eine Gegenbewegung ein, die neuerdings wieder abgelöst wurde von einer Politik weltweiter Entspannung und ost-westlicher Kooperation. Dazu kam ein Wiedererstarken nationalstaatlicher Interessenspolitik in der EG.

Referate zu Abschnitt I: 1. Pläne zur Einigung Europas vor dem 1. Weltkrieg (Foerster: „Die Geschichte und die eur. Integration" in „Aus Politik und Zeitgeschichte", Beilage 34/64 zu „Das Parlament", „Vom Grand Dessein zum Römischen Vertrag" Folge 1—7, Europa-Verlag Bad Reichenhall, „Die Idee Europa 1300–1946" Bd. 134 der Reihe Dokumente DTV). 2. Der abendländische Gesellschaftskörper, seine Erstreckung in Raum und Zeit und sein Verhältnis zum griechisch-orthodoxen und hellenischen Gesellschaftskörper nach der Auffassung A. J. Toynbees (Toynbee: „Der Gang der Weltgeschichte" Kurzfassung, Sttgt. 1949, S. 1—11, S. 15, S. 238 f.). 3. Herder als Prophet des Nationalstaates und als Erwecker des slawischen Selbstbewußtseins („Ideen zur Philosophie der Geschichte der Menschheit" 9. Buch, Kap. IV und 16. Buch, Kap. IV. Dazu: F. Schnabel: „Deutsche Gesch. im 19. Jh." Freiburg 1959, Bd. I, S. 187 f.).

II. Die geographischen Voraussetzungen der Einigung Europas

Im naturräumlichen Sinne ist Europa kein eigener Kontinent, weshalb es auch kaum möglich ist, eine eindeutige natürliche Grenze auszumachen, die Europa von Asien trennte. Gewiß, es gibt geographische Merkmale, die das Wesen Europas kennzeichnen. So blickt der Erdteil auf den Atlantischen Ozean, der Ausläufer und Nebenmeere bis tief in den Kontinent entsendet. Europas mittlere Küstenentfernung beträgt 340 km, die Asiens 780. Der Atlantik prägt das Klima, zum Atlantik entwässert der größte Teil des Kontinents, über den Atlantik vollzieht sich vorwiegend der Güteraustausch, den Europa mit anderen Kontinenten pflegt. Man kann es so formulieren: Europa endet in breitem Grenzsaum dort, wo die Einflüsse des Atlantik sich verlieren. Europa ist auch die Mitte der Landhalbkugel, doch verliert dieser Umstand an Bedeutung, seit die globale Verkehrserschließung auch die peripheren Räume aufgewertet hat. Durch Küstengliederung, Bau und Oberflächengestalt bedingt, ist Europa der Erdteil der kleinen Landschaftseinheiten, wenigstens gilt dies für Halbinseleuropa, während in Osteuropa die großräumige Landschaftseinteilung Nordasiens sich fortsetzt. Weiterhin ist Europa einer der Ballungsräume der Menschheit: Auf dem fünfzehnten Teil der Landfläche wohnt hier nicht weniger als ein Fünftel der Menschheit. Ausschlaggebend für die Eigenständigkeit des Erdteils ist dies alles nicht. Hingegen ist Europa im vollen Sinne des Wortes eine kulturgeographische Einheit. Die europäische Völkerfamilie, deren drei große Zweige der Romanen, Slawen und Germanen auch ethnographisch zusammengehören, ist Trägerin der abendländischen Kultur, in der Christentum, Antike und Germanentum zusammengeschmolzen sind. Gewiß, diese Kultur ist auf dem Wege der europäischen Kolonisation in andere Räume verpflanzt worden (Amerika, Australien), sie ist auch im Zuge der Europäisierung der Erde anderen Kulturen aufgepfropft worden, aber sie hat in anderen Breiten und unter anderen Lebensbedingungen ihr Gesicht gewandelt und eigene Züge angenommen.

Dieser in erster Linie kulturell geprägte Erdteil Europa besitzt nun alle Voraussetzungen eines wirtschaftlichen Großraumes. Unter einem solchen haben wir einen Raum zu verstehen, dessen Bevölkerung so zahlreich ist, daß ihre Produktions- und Konsumkraft der Massenproduktion genormter Güter entspricht. Es kommt dabei aber nicht nur auf die große Zahl an, sondern auch auf einen gehobenen Lebensstandard und ein hohes Niveau der Volksbildung. Ersteres, weil der primitive Mensch nur wenig Lebensbedürfnisse hat, die er nicht selbst befriedigt: Er tritt auf dem Markt weder als Produzent noch als Konsument in Erscheinung. Letzteres, weil die moderne Wirtschaft eine arbeitsteilige ist und vieler ausgebildeter Spezialisten bedarf. Ein Großraum muß eine Flächenausdehnung haben, die so groß ist, daß spezialisierte Wirtschaftsräume sich entwickeln können. Die moderne mechanisierte Massenerzeugung vermag nur dann rationell zu arbeiten, wenn die Produktion jeweils an den Ort wandert, der die besten Produktionsbedingungen in sich vereinigt, und sich dort konzentriert. Nur ein Raum von der Größe eines Erdteils weist so viele landschaftliche Unterschiede auf, daß unter den heutigen Wirtschaftsbedingungen eine echte Differenzierung der Gütererzeugung eintreten kann. Endlich muß ein Großraum von Natur aus über ein dichtes Netz günstiger und schneller Verkehrsverbindungen verfügen, damit der ungestörte Fluß der Güter möglich ist. All diese Voraussetzungen erfüllt Europa, lediglich die historisch gewachsenen Grenzen stehen der Großraumbildung im Wege.

Der Großraum Europa wird aber, wenn er einmal verwirklicht ist, besondere Züge aufweisen, die ihn von anderen Großräumen abheben. Sie wurzeln in seiner geographisch-geschichtlichen Eigenart. Er wird sich niemals isolationistisch auf sich selbst beschränken können. Das kann er wirtschaftlich nicht, denn Europa ist auf den Raum der gemäßigten Zone beschränkt und hat als einziger Erdteil keinen Zugang zu den Tropen. Obendrein ist Europa rohstoffarm. So ist und bleibt Europa auf einen lebhaften Güteraustausch angewiesen. Eine politische und geistige Isolierung ist im globalen Zeitalter ohnedies undenkbar, vollends bei einem Erdteil, der von Natur aus nur ein Teil des Landblocks der Alten Welt ist und der sich den Einflüssen des Meeres wie kein zweiter öffnet. Europa wird weiterhin bei allen Tendenzen zu wirtschaftlich-politischem Zusammenschluß mannigfachen Unterschieden Raum bieten. Nationale und kulturelle Traditionen und landschaftliche Vielfalt sind seine Eigenart und sein Reichtum und lassen keine schematische Vereinheitlichung zu.

Referate zu Abschnitt II: 1. Der Erdteil Europa und seine Eigenart (Harms: Bd. II Europa S. 9—11, sowie Atlas). 2. Der Einfluß des Atlantik auf Europa: (Klima, Vegetation, Küstenvereisung, Entwässerung, Verkehr [Atlasarbeit]). 3. Die großen Leitlinien des innereuropäischen Verkehrs (Atlas, Nr. 16: Heft Nr. 166, S. 19 ff., Heft Nr. 174, S. 65).

III. Erste Pläne zur Einigung Europas in der Zeit zwischen den beiden Weltkriegen

a) Die Paneuropa-Bewegung des Grafen Coudenhove-Kalergi

1923 erschien das Buch „Paneuropa" von Richard Graf Coudenhove-Kalergi. Es wurde ein Welterfolg. Der österreichische Graf schlug vor, im Rahmen des Völkerbundes sollten sich die Staaten der Erde zu fünf Völkergruppen zusammenschließen. Einer von ihnen sollte ein europäischer Bundesstaat sein, die „Vereinigten Staaten von Europa", welche die Länder Kontinentaleuropas, des alten Reichs Karls des Großen, umfassen sollten, ohne die UdSSR und ohne Großbritannien. Letztere, deren Interessen sich nicht in die europäischen integrieren ließen, sollten neben einer panamerikanischen und einer mongolischen die übrigen Völkergruppen bilden. Aus diesen Gedankengängen heraus konstituierte sich eine Paneuropa-Union, die eine Reihe von Paneuropa-Kongressen abhielt. Konkrete Ergebnisse wurden nicht erzielt, weil die Zeit für den Gedanken eines Verzichts auf Souveränitätsrechte noch nicht reif war.

b) Aristide Briands Vorschlag einer europäischen Föderation

Über das Stadium der Diskussion hinaus gedieh auch der Plan nicht, den Frankreichs Außenminister Briand, unterstützt vom Außenminister des Deutschen Reichs Gustav Stresemann, im Jahre 1929 dem Völkerbund vorlegte. Die europäischen Staaten unter Einschluß Großbritanniens sollten bei voller Wahrung ihrer nationalen Souveränität eine Föderation bilden. Gemeinsame Organe sollten geschaffen werden, die eine regelmäßige Fühlungnahme und eine Abstimmung der Interessen ermöglichen sollten. Auch an eine engere wirtschaftliche Zusammenarbeit mit dem Endziel der Schaffung eines Gemeinsamen Marktes, aber nicht an eine Zollunion war gedacht, die einen gemeinsamen Außenzoll gegenüber sog. Drittländern bedeutet hätte. Briands Initiative scheiterte nicht zuletzt an den Bedenken Großbritanniens, das seine Beziehungen zum Commonwealth nicht gefährden wollte.

Referate zu Abschnitt III: 1. Das „Paneuropäische Manifest" in der Zeitschrift „Paneuropa" des Jahres 1925. 2. Inwiefern spiegeln sich in den Einigungsversuchen Coudenhove-Kalergis und Briands die noch heute zu lösenden Probleme der europäischen Einigung? (Stichworte: Integration — Föderation, Großeuropa — Kleineuropa, Zollunion — Wirtschaftsunion — Freihandelszone). 3. Versuche wirtschaftlicher Zusammenschlüsse in Europa zwischen den Weltkriegen (H. Gross: „Integrationsbestrebungen in Europa bis zum 2. Weltkrieg" Geogr. Rundschau, Jg. 1964, S. 64 ff.).

IV. Antriebe und Hemmungen der europäischen Integration nach dem 2. Weltkrieg

Winston Churchill war es, der in einer aufsehenerregenden Rede am 19. Sept. 1949 in Zürich zur Errichtung einer „Art von Vereinigten Staaten von Europa" aufrief. Er war es auch, der als erster den kühnen Gedanken aussprach: „Der erste Schritt bei der Neubildung der europäischen Familie muß ein Zusammengehen von

Deutschland und Frankreich sein." Freilich wünschte auch er nichts anderes, als daß Großbritannien dem neuen Europa als wohlwollender Freund „gegenüberstehen" werde. Viele europäische Politiker stimmten der Notwendigkeit einer Einigung Europas zu. Die Sowjetunion hatte in den von der Roten Armee eroberten und besetzten Teilen Ost- und Mitteleuropas „volksdemokratische" Regierungen installiert und sie eng an die Moskauer Zentrale gebunden. Resteuropa lag in politischer Ohnmacht und wirtschaftlicher Not im Vorfeld dieses „Ostblocks", militärisch geschützt allein durch die Anwesenheit der US-Streitkräfte, die sich – zunächst wenigstens – im Monopolbesitz der Atombombe befanden. Keiner der europäischen Staaten konnte in dieser Lage damit rechnen, aus eigener Kraft zu politischer Geltung zu gelangen. Ein schwaches und notleidendes Europa aber lag auch nicht im Interesse der amerikanischen Politik, auch sie förderte daher im Zeichen des bald beginnenden Kalten Krieges zwischen West und Ost den Zusammenschluß Europas. In Europa selbst zählten neben Churchill der Franzose Robert Schuman, der Italiener Alcide de Gasperi und Dr. Konrad Adenauer zu den „Europäern der ersten Stunde". Den bereitwilligsten Widerhall fand der Gedanke einer europäischen Integration in der Politik und der öffentlichen Meinung der Bundesrepublik Deutschland, die — aus den drei westlichen Besatzungszonen entstanden — allmählich zur politischen Souveränität aufstieg. Deutschland konnte ja im „Jahre Null" seiner Geschichte durch eine Einigung Europas nur gewinnen. Am meisten widerstrebte es dem an sein Commonwealth gebundenen britischen Königreich und den durch Verfassung und Staatsverträge (Schweiz und Österreich) oder Tradition (Schweden) neutralen Staaten, Hoheitsrechte an eine wie auch immer geartete europäische Gemeinschaft abzutreten. Die übrigen Staaten fanden sich — je nach Orientierung ihrer Politik in unterschiedlich großem Maße — bereit, auf Souveränitätsrechte zu verzichten. So kam es einerseits zu lockeren, ganz Europa umfassenden Verbindungen, anderseits aber zu engen übernationalen Zusammenschlüssen in Teilbereichen und auf Teilgebieten. Einen schweren Rückschlag erlebte das Werk der Einigung, als Frankreich 1954 den Vertrag über die Europäische Verteidigungsgemeinschaft nicht ratifizierte.

V. Zusammenschlüsse westeuropäischer Staaten

a) Internationale europäische Zusammenschlüsse unter Einbeziehung Großbritanniens und der neutralen Staaten

1. Der Europarat (ER)

Hervorgegangen ist diese Organisation aus dem Kongreß der nach 1945 entstandenen Europa-Bewegungen verschiedener Richtungen in Den Haag im Jahre 1948. Die Regierungen der Westeuropäischen Union (s. d.!) griffen die Kongreßbeschlüsse auf, und so konnten die Statuten des Europa-Rates 1949 in London unterzeichnet werden.

Sitz der Organe ist Straßburg. Die Mitgliedschaft zum ER bringt keinen Verzicht auf Souveränitätsrechte mit sich, denn im Minister-Ausschuß, dem eigentlichen beschlußfassenden Organ, in dem alle 18 Mitglieder vertreten sind, ist bei allen wichtigen Entschlüssen Einstimmigkeit nötig. Die dem Minister-Ausschuß zur Seite stehende Beratende Versammlung aus 198 von den nationalen Parlamenten nach einem bestimmten Schlüssel bestellten Abgeordneten hat — wie ihr Name sagt — nur beratende Funktion. So bindet die Zugehörigkeit zum Europarat die Mitglieder nur lose. Als herausragendes Ergebnis der Tätigkeit des ER ist die Verabschiedung einer alle Mitgliedsstaaten bindenden „Konvention zum Schutze der Menschenrechte und Grundfreiheiten" zu nennen, in deren Durchführung ein „Europäischer Gerichtshof für Menschenrechte" errichtet wurde. Eine rege Tätigkeit entfaltete der ER auf sozialem und kulturellem Gebiet.

2. Die Organisation für wirtschaftliche Zusammenarbeit und Entwicklung (OECD)
(**O**rganization for **E**conomic **C**ooperation and **D**evelopment) Sekretariat in Paris.

Die OECD ist im Jahre 1961 hervorgegangen aus der Umwandlung eines OEEC genannten europäischen Zusammenschlusses (Organization for European Economic Cooperation). Diese OEEC war eine Hilfsorganisation zur Durchführung des sog. „Marshall-Plans", mit dem die USA dem nach dem Zweiten Weltkrieg wirtschaftlich darniederliegenden Europa wieder auf die Beine halfen. Diese Vorläuferorganisation hat die Liberalisierung des Waren- und Zahlungsverkehrs im westlichen Europa in die Wege geleitet und damit wesentliche Voraussetzungen für weitergehende wirtschaftliche Zusammenschlüsse, wie EWG und EFTA (s. d.!), geschaffen. Von ihr hat die OECD eine Reihe rein europäischer Aufgaben und Einrichtungen übernommen.

So besorgt die OECD die Durchführung des Europäischen Währungsabkommens, das den Zahlungsausgleich multilateral regelt und die Möglichkeit gibt, einem Mitgliedsland, dessen Zahlungsbilanz in Schwierigkeiten geraten ist, durch Kredite kurzfristig zu helfen. Von der OEEC übernommen wurde ferner die Europäische Kernagentur, die gemeinschaftliche Unternehmungen auf dem Felde der friedlichen Nutzung der Kernenergie fördern will und im Rahmen dieser Aufgabe z. B. die Gründung einer „EUROCHEMIC" genannten Gesellschaft angeregt hat, die in Mol (Belgien) eine Fabrik für die chemische Aufbereitung bestrahlter Kernbrennstoffe sowie zwei Versuchsreaktoren in Halden (Norwegen) und in Winfrith Heath (Großbritannien) betreibt. Eng arbeiten die OECD-Länder seit den Tagen der OEEC auch auf dem Gebiet des Verkehrs zusammen. Ein Beispiel ist der Europa-Güterwagenpool, ein Güterwagenpark, der den unnötigen Leerlauf von Güterwagen vermeiden soll.
Der Schwerpunkt dieser Tätigkeit der OECD hat sich aber doch mehr von der europäischen auf die atlantische Ebene verlagert, nachdem die USA und Kanada ihr als Vollmitglieder angehören. Sie ist heute eigentlich ein lockerer Zusammenschluß der Industrieländer beiderseits des Atlantiks mit drei wesentlichen Aufgaben:

a) Sie soll dazu beitragen, daß die Wirtschaft der Mitgliedsländer bestmöglich entwickelt wird, daß die in den OECD-Ländern vorhandenen Arbeitskräfte Beschäftigung finden und daß der Lebensstandard gesteigert wird. Als Ziel strebte man an, das Bruttosozialprodukt der Gesamtheit der OECD-Länder bis 1970 um 50% zu steigern. Dieses Ziel wurde erreicht, wobei allerdings zunehmende Preissteigerungen auftraten. Darüber steht als Ziel der siebziger Jahre die Bekämpfung der inflationären Entwicklung in den 20 westeuropäischen Staaten, den USA, Kanada und Japan, die alle der OECD angehören, im Vordergrund.

b) Sie soll die Entwicklungshilfe der westlichen Industrieländer aufeinander abstimmen und zu größtmöglicher Wirksamkeit bringen.

c) Sie soll den Ausbau des Welthandels, insbesondere die erweiterte Liberalisierung des wirtschaftlichen Austausches im OECD-Raum, vorwärtstreiben.
Der Schwerpunkt der Tätigkeit der OECD liegt bisher beim zweiten Programmpunkt. Er wird in einem eigenen Entwicklungshilfeausschuß und den diesem nachgeordneten Organen geleistet. So hat man sich 1962 entschlossen, zur Erforschung der Probleme der Entwicklungsländer ein Entwicklungszentrum (DAC) zu schaffen.

Als weitere Aufgabe ist die Zusammenarbeit der Industrieländer bei der Lösung ihrer sozialen Probleme und den Fragen des Umweltschutzes im neuen Jahrzehnt vorgesehen, z. B. also der Zusammenarbeit von Betriebsleitungen und der unterstellten Kräfte, sowie auf den Gebieten des wachsenden Verkehrs und der Bekämpfung des Lärms, der Wasser- und Luftverschmutzung.

Die OECD ist ein zwischenstaatlicher Zusammenschluß ohne Abtretung nationaler Souveränitätsrechte. Ratsbeschlüsse haben bindende Kraft für die Gesamtheit der Mitglieder nur, wenn sie einstimmig gefaßt wurden. Angesichts der engen wirtschaftlichen Verflechtung der OECD-Länder wurde im Rahmen dieser Organisation aber ein neuartiges Verfahren der Koordinierung entwickelt: Jedes OECD-Land verpflichtet sich, jährlich einen Bericht über seine Wirtschaftslage und die wirtschaftlichen Aussichten vorzulegen. Diese Berichte werden sämtlichen Länderdelegationen zugeleitet und dort einer Kritik unterzogen. Souveräne Regierungen verpflichten sich also, vor anderen Regierungen Rechenschaft über ihre Wirtschaftspolitik abzulegen.

3. Die Europäische Freihandelszone (EFTA)

(**E**uropean **F**ree **T**rade **A**ssociation) Sekretariat in Genf.

Im März 1957 wurden die Römischen Verträge unterzeichnet, eine Europäische Wirtschaftsgemeinschaft (EWG) entstand. Großbritannien ließ von Anfang an keinen Zweifel darüber, daß ihm der Beitritt zu einer europäischen Zollunion unmöglich sei. Ein gemeinsamer europäischer Außenzoll lasse sich mit den Vorzugszöllen nicht vereinbaren, die das Land den Commonwealthländern einräumt. Auch war die besondere Struktur der britischen Landwirtschaft einem Aufgehen in einer Wirtschaftsgemeinschaft im Wege. So wünschte England, daß die kommende EWG der Sechs mit den übrigen OEEC-Ländern eine Freihandelszone bilden solle, d. h. die Zölle innerhalb Europas sollten in Wegfall kommen, gegenüber Drittländern aber wollte Großbritannien die Zollhoheit behalten. Die Verhandlungen über eine solche „große Freihandelszone" scheiterten an der Haltung Frankreichs (Regierungserklärung v. 14. 11. 1958), das befürchtete, daß eine solche Freihandelszone den EWG-Vertrag unterminieren könne. So reifte britischerseits der Gedanke, eine kleine Freihandelszone mit den sieben Nicht-EWG-Ländern Westeuropas zu gründen.

Der Vertrag über die Bildung einer Europäischen Freihandelszone wurde am 4. 1. 1960 in Stockholm unterzeichnet und trat am 3. Mai 1960 in Kraft. Westeuropa drohte damit in zwei Wirtschaftsblöcke zu zerfallen. Die sofort einsetzenden Bemühungen um einen Brückenschlag zwischen EWG und EFTA blieben lange ohne Erfolg. Schließlich bewarben sich Großbritannien, Dänemark, Norwegen sowie Irland, das nicht zur EFTA gehörte, um eine Mitgliedschaft bei der EWG. Die europäischen Neutralen suchten eine Assoziierung, welche die politischen Verpflichtungen ausklammert, die mit dem Neutralitätsstatus unvereinbar wäre. Auch Portugal wünscht eine Zusammenarbeit. Die EFTA hat die Zölle auf Industriewaren im Verkehr mit Mitgliedsländern vom 1. 1. 1967 an abgeschafft. Hingegen ist der Agrarbereich aus dem EFTA-Vertrag ausgeklammert. Auch bleibt die nationale Zollhoheit gegenüber Drittländern ebenso erhalten wie die nationale Zuständigkeit in Fragen der Wirtschaftspolitik. Höchstes Organ ist der Rat, in dem jeder Partner über eine Stimme verfügt. Einstimmigkeit ist bei wichtigen Fragen vorgeschrieben. Finnland hat sich der EFTA in einer Form assoziiert, die seine besonderen Verpflichtungen gegenüber der Sowjetunion berücksichtigt. Österreich sucht auch weiterhin ein wirtschaftliches Arrangement mit der EG ohne politische Verpflichtungen. Pläne einer Nordischen Zollunion (Nordek-Plan), die Dänemark, Norwegen, Schweden und Finnland umfassen sollte, scheiterten 1969 nach jahrelangen Bemühungen, weswegen die Besprechungen über den Beitritt zur EG 1970 wieder aufgenommen wurden. Anderseits schloß sich Island im selben Jahr der EFTA neu an. Nach langwierigen Verhandlungen traten Großbritannien, Irland und Dänemark am 1. Januar 1973 der Europäischen Gemeinschaft bei und schieden auf der EFTA aus. Die sieben Mitglieder der Rest-EFTA unterzeichneten in der Folgezeit Freihandelsabkommen mit der EG, die für den gewerblichen Sektor die Abschaffung der Zölle bis Mitte 1977 vorsehen.

Referate zu Abschnitt Va: 1. Die Tätigkeit des Europa-Rates (Nr. 7c, S. 4 ff., Nr. 10, S. 55 ff.). 2. Bilateraler und multilateraler Zahlungsausgleich (Nr. 7c, S. 11/12). 3. Die europäischen Neutralen und der wirtschaftliche Zusammenschluß Europas (Nr. 2, Beleg-Nr. 79, 265, 283, 297, 370, 375, sowie Nr. 3, Beleg-Nr. 81, 213). 4. Großbritanniens Stellung zum Projekt eines wirtschaftlichen Zusammenschlusses (Nr. 2, Beleg-Nr. 153, Nr. 3, Beleg-Nr. 17, 18, 20, 95, sowie H. Kahmann, Geogr. Rundsch. Jg. 1962, S. 185, Nr. 7b, S. 19, Nr. 9a, S. 54).

b) Politische und militärische Pakte Westeuropas mit Großbritannien ohne die europäischen Neutralen

1. Die Westeuropäische Union (WEU)

Generalsekretariat in London.

1948 schlossen Frankreich, Großbritannien und die Beneluxländer den Brüsseler Pakt. Sie versprachen sich „für den Fall der Erneuerung einer deutschen Aggressionspolitik" Beistand. Als das Projekt einer Europäischen Verteidigungsgemeinschaft gescheitert war, von den Westmächten aber gleichwohl ein militärischer Beitrag der Bundesrepublik zur gemeinsamen Verteidigung gewünscht wurde, wandelte in den Pariser Verträgen von 1954 der Brüsseler Pakt seinen Charakter.

Italien und die Bundesrepublik wurden nun, 1954, als Mitglieder der WEU aufgenommen, und es wurden jene Bestimmungen gestrichen, die sich ursprünglich gegen Deutschland gerichtet hatten. Im Rahmen des Vertragswerks leistete die Bundesrepublik auf die Herstellung atomarer, biologischer und chemischer Kampfwaffen auf ihrem Gebiet Verzicht. Ihre Rüstung wurde gewissen Beschränkungen unterworfen. Für die auf dem Festland gelegenen Paktstaaten wurde eine Rüstungskontrolle eingerichtet, und Großbritannien ging die Verpflichtung ein, auf dem Kontinent Luft- und Landstreitkräfte in bestimmter Höhe zu unterhalten. Frankreich nahm seit 1969 an den Sitzungen der WEU nicht teil. Die ursprüngliche Aufgabe des Beistands für ein Mitglied gegenüber einem Angriff erfüllt heute die NATO.

2. Die Nordatlantikpakt-Organisation (NATO)

(**N**orth **A**tlantic **T**reaty **O**rganization) Generalsekretariat in Brüssel.

Trotz mancherlei Spannungen in seinem Gefüge ist der Nordatlantikpakt jener Zusammenschluß, der die Sicherheit Westeuropas bis heute wirksam gewährleistet. Die 15 Bündnispartner, darunter die USA und Kanada, geben sich in diesem Pakt die wechselseitige Zusicherung, daß sie einen bewaffneten Angriff auf einen oder mehrere von ihnen als einen Angriff auf alle betrachten werden. So bauten die Vertragspartner auf Grund einheitlicher Verteidigungspläne eine übernationale Verteidigungsorganisation auf. Oberstes Führungsorgan ist ein politisches Gremium, der Nordatlantikrat, eine Versammlung von Regierungsvertretern aller Mitgliedsstaaten. Ihm unterstehen die militärischen und zivilen Organe. Die militärische Befehlsgewalt ist so aufgegliedert, daß sie einerseits den strategischen Notwendigkeiten, andererseits der verschieden großen militärischen Stärke und den unterschiedlichen Interessen Rechnung zu tragen versucht. Das oberste Hauptquartier der verbündeten Mächte in Europa (SHAPE) mit Sitz in Casteau-Maisières (Belgien) ist zuständig für die 4 Befehlsbereiche Europa — Nord, Mitte (dazu gehört das Territorium der Bundesrepublik), Süd und Mittelmeer. Die Bundesrepublik trat am 5. Mai 1955 der NATO bei. Die seither aufgestellten Streitkräfte der deutschen Bundeswehr unterstehen der NATO. Die übrigen NATO-Mitglieder erkannten vertraglich die Bundesregierung als einzige legitime deutsche Regierung an, verpflichteten sich, die Wiedervereinigung zu fördern, und garantierten die Freiheit Westberlins. Das Bündnis trat im August 1949 in Kraft und ist ab 1969 kündbar.

Im Zuge seiner Politik, die auf Wiederherstellung der nationalstaatlichen Souveränität bedacht ist, hat sich Frankreich nach und nach aus der militärischen Integration der NATO gelöst, ist aber nicht aus dem Bündnis ausgeschieden. Die französischen Streitkräfte unterstehen daher ausschließlich nationalem Kommando, die militärischen Einrichtungen der NATO (Hauptquartiere, Versorgungseinrichtungen etc.) mußten aus Frankreich verlegt werden. Im Mai 1973 wurde aber erst eine multinationale Ärmel-Kanal-Flotte neu aufgestellt. Die Franzosen nahmen seit 1969 zeitweilig an den Sitzungen der NATO nicht mehr teil, halten aber beim Hauptquartier eine ständige Delegation.

Referate zu Abschnitt Vb: 1. Die Berücksichtigung der geographischen und politischen Gegebenheiten Europas im Aufbau der NATO-Organisation („Die Organisation des Nordatlantikpaktes", Inf.-Dienst d. NATO, Paris 1961, Nr. 1, S. 2 ff., IRO-Weltwirtschaftsatlas 171/2). 2. Weshalb legt die Politik der Bundesregierung besonderen Wert auf die Stärkung und Festigung der NATO? (Nr. 3, Beleg-Nr. 204, 258).

c) Die Europäischen Gemeinschaften (Sechser- und Neunergemeinschaft oder EG)

Sitz der Europäischen Kommission: Brüssel.

Eine echte Bereitschaft, eine übernationale europäische Gemeinschaft aufzurichten, bestand aus der Erinnerung an die beiden Weltkriege und ihre Folgen bei den sechs kontinentaleuropäischen Ländern Frankreich, Italien, Belgien, Luxemburg, den Niederlanden und der Bundesrepublik Deutschland. Während aber die Versuche, eine Europäische Politische Gemeinschaft (EPG) und eine Europäische Verteidigungsgemeinschaft (EVG) zu schaffen, immer wieder in eine Sackgasse gerieten, gelang auf wirtschaftlichem Gebiet eine echte Integration. Ihr Zustandekommen ist das herausragende Ereignis der europäischen Nachkriegsgeschichte. Die Auswirkungen dieses Zusammenschlusses werden mehr und mehr spürbar, sie greifen tief in unser wirtschaftliches und gesellschaftliches Leben ein.

1. Die Europäische Gemeinschaft für Kohle und Stahl (EGKS oder Montanunion)

Der Anstoß, die EGKS ins Leben zu rufen, ging von dem französischen Außenminister Robert Schuman aus, so daß man lange vom sog. „Schumanplan" sprach. Pate stand der Gedanke, daß die Zusammenlegung der deutsch-französischen Produktion von Kohle, Eisen und Stahl zu einer „Montanunion", deren Organe der nationalen Zuständigkeit entzogen werden, jede kriegerische Auseinandersetzung zwischen Deutschland und Frankreich fürderhin unmöglich machen würde.

1952 trat das Vertragswerk zur EGKS in Kraft, der außer Frankreich und der Bundesrepublik auch Italien und die Beneluxländer beitraten. Das eigentliche supranationale Organ, die Hohe Behörde, wurde 1967 mit der EWG-Kommission zur sog. Europäischen Kommission mit Sitz in Brüssel zusammengefaßt. Die Verschmelzung (Fusion) der Vertragswerke ist im Gange. Erst wenn sie vollzogen ist, wird eine koordinierte Energiepolitik möglich, die neben dem Bereich der Kohle auch die anderen Energieträger, also Atomenergie, Erdöl und Erdgas, umfaßt. Eine solche Zusammenfassung aber ist das Gebot der Stunde. Europa weist eine Energielücke auf, d. h. es kann sich vor allem auf dem rasch zunehmenden Sektor des Erdöls nicht selbst versorgen. Der Energiebedarf der Industrienationen und ganz allgemein der Weltwirtschaft wächst rasch, und die Versorgung mit billiger Energie entscheidet über die weltwirtschaftliche Konkurrenzfähigkeit. Außerdem ruft das Vordringen von Erdöl, Erdgas und bald auch der Atomenergie schwer lösbare Strukturprobleme hervor. Bei der Krise, die im Herbst 1973 durch die Drosselung der Erdölförderung in der arabischen Gruppe der „Organisation erdölexportierender Länder" (OPEC-Länder) auftrat, zeigte die Gemeinschaft keine Solidarität, vor allem auch nicht der durch einen Ölboykott besonders betroffenen Niederlanden gegenüber.

2. Die Europäische Wirtschaftsgemeinschaft (EWG)

Während die Montanunion nur einen Teil der Wirtschaft der nationalen Verantwortung entzog und einer übernationalen Institution unterstellte, will die EWG die bisher getrennten Volkswirtschaften der Partnerstaaten zu einem einzigen Großwirtschaftsraum verschmelzen. Als Vorläufer dieses Projekts kann die Zoll- und Wirtschaftsunion der Beneluxstaaten betrachtet werden. Luxemburg ist mit Belgien schon seit 1922 durch eine Wirtschaftsunion verbunden. Während des Krieges vereinbarten die Regierungen dieser von Hitlers Armeen besetzten Länder in ihrem Londoner Exil eine Zollunion, die 1948 in Kraft trat und 1960 zu einer Wirtschaftsunion ausgestaltet wurde.

Als im Jahre 1957 die Regierungen der sechs Montanunionsländer in Rom zwei Verträge zur Gründung einer europäischen Wirtschaftsgemeinschaft und einer europäischen Atomgemeinschaft („Römische Verträge") abschlossen, waren sie sich darüber klar, daß die Errichtung eines Gemeinsamen Marktes nicht auf einmal erfolgen konnte, sollten nicht das Wirtschaftsleben und die Gesellschaftsordnung der sechs Staaten schweren Erschütterungen ausgesetzt sein. Sie vereinbarten daher für die EWG eine Übergangszeit von 12 Jahren, gerechnet vom 1. 1. 1958, dem Zeitpunkt des In-Kraft-Tretens der Verträge. In drei Stufen von je vier Jahren sollte eine Gesamtheit von Maßnahmen, die sorgfältig aufeinander abgestimmt waren, die wirtschaftlichen Schranken zwischen den sechs Vertragspartnern beseitigen. Das letzte Ziel des Vertrages war indes nicht wirtschaftlicher, sondern politischer Art. Im ersten Satz der Präambel bekundeten die vertragsschließenden Parteien den Willen, mit diesem Vertrag „die Grundlage für einen immer enger werdenden Zusammenschluß der europäischen Völker" zu schaffen. Daher enthielt auch der Art. 237 des Vertragswerks die Bestimmung, daß jeder europäische Staat beantragen könne, Mitglied zu werden. Deutlich lag den Römischen Verträgen ferner der Gedanke zugrunde, daß die vollzogene wirtschaftliche Integration einen politischen und möglicherweise militärischen Zusammenschluß notwendig nach sich ziehen müsse. So schien es in der Logik der Geschichte zu liegen, wie es z. B. das oftmals angesprochene Beispiel des deutschen Zollvereins von 1833 zeigte.

Nun ist die Weltpolitik seit dieser Bekundung des Einigungswillens nicht stillgestanden. Die Begeisterung, von der die europäische Einigungsbewegung in der ersten Nachkriegszeit getragen war, ist einer nüchternen und wohl auch sachlicheren Betrachtungsweise gewichen. In Frankreich zerbrach die Vierte Republik, welche die Römischen Verträge abgeschlossen hatte, an der Algerienfrage. Staatspräsident de Gaulle aber, der in der 5. Republik zunächst die Richtlinien der Politik bestimmte, war kein Freund einer wie immer gearteten Integration, die mit der Aufgabe von nationalen Souveränitätsrechten verbunden gewesen wäre. Ebenso stand er der Aufnahme neuer Mitglieder, insbesondere der Großbritanniens, ablehnend gegenüber. Nach dem Rücktritt des Generals nahm der Nachfolger Pompidou in der Europapolitik eine modifizierte Haltung ein. Zwar stand auch er der Abtretung nationaler Souveränitätsrechte an die Brüsseler Kommission reserviert gegenüber und traf sich damit mit der zu erwartenden Haltung der britischen Regierung, aber Frankreich stimmte mit seinen Partnern nun überein in dem Willen zum weiteren Ausbau der Gemeinschaft zu einer europäischen Konföderation und zu einer echten Wirtschafts- und Währungsunion sowie zu ihrer Erweiterung zu einem Europa der Zehn. So gab die Haager Gipfelkonferenz 1969 den Bemühungen um einen europäischen Zusammenschluß einen spürbaren Auftrieb.

Die Regierungschefs und Außenminister der 6 EG-Staaten beschlossen zunächst, die 12jährige Übergangsphase fristgerecht zum 1. 1. 1970 zu beenden und in die Endphase einzutreten. Voraussetzung dafür war die Einigung über die künftige Finanzverfassung. Bis Ende 1970 wurde die EG durch nationale Beiträge finanziert, sie war „Kostgänger" der nationalen Regierungen. Nun soll die Gemeinschaft stufenweise ihren Haushalt aus eigenen Finanzquellen bestreiten. In einer Zwischenphase werden die Abschöpfungen (siehe S. 14) und nach und nach die Zolleinnahmen der EG zugeführt, und in der Normalphase ab 1975 kommt ein Anteil von bis zu 1% der Mehrwertsteuer (s. unten!) hinzu. Das Europaparlament wird dann auch über begrenzte Haushaltsbefugnisse verfügen.

Kernstück des EWG-Vertrags ist eine Z o l l u n i o n. Sie wurde in der Übergangsphase praktisch verwirklicht. Die Zölle zwischen den Mitgliedern und die im zweiseitigen Warenverkehr häufig vereinbarten mengenmäßigen Beschränkungen der Einfuhr, die sog. Kontingente, sind nach und nach abgebaut worden. An ihre Stelle ist ein gemeinsamer Außentarif gegenüber Drittländern getreten.

Die EWG will jedoch über die Zollunion hinaus eine echte Wirtschafts- und Währungsunion werden. Um eine volle Verschmelzung der nationalen Wirtschaftskörper zu erzielen, gewährt der EWG-Vertrag allen Arbeitnehmern der Partnerländer nach Ablauf der Übergangszeit die uneingeschränkte Freizügigkeit. In gleicher Weise sollen nach und nach die Freiheit des Kapitalverkehrs hergestellt werden sowie die Niederlassungsfreiheit für Firmen aller Art und der freie Dienstleistungsverkehr, also etwa der Dienstleistungen des Banken- und Versicherungswesens, der Werbung, der Beratung, der Kundendienste.

Soll eine Wirtschaftsunion wirklich funktionieren, so müssen auch die mit dem Wirtschaftsleben eng verflochtenen Bereiche des politischen und gesellschaftlichen Lebens in den Partnerländern einander angeglichen oder doch so weit aufeinander abgestimmt werden, daß keine ernsthaften Störungen im gemeinsamen Wirtschaftsgefüge auftreten. Die das Wirtschaftsleben regelnden Rechtsvorschriften, jene etwa, die festlegen, welche Art von wirtschaftlichen Zusammenschlüssen (Kartellen) erlaubt und welche verboten ist, die rechtlichen Regelungen des Wettbewerbs, das Patentrecht usw., bedürfen der Angleichung. Eine gemeinsame Verkehrspolitik wird u. a. dafür sorgen müssen, daß die Transportleistungen allen in gleicher Weise zur Verfügung stehen. Eine Frage von gemeinsamem Interesse ist die Konjunkturpolitik, also jenes Arsenal von Maßnahmen (Änderung des Diskontsatzes etc.), mit denen die einzelnen Staaten eine „überhitzte" Konjunktur bremsen oder umgekehrt eine abflauende wieder beleben können. Ähnliches gilt für die Währungspolitik. Wird das Steuerwesen der Partnerländer, das höchst unterschiedlich aufgebaut ist, nicht aufeinander abgestimmt, dann entsteht die Gefahr, daß an die Stelle der ehemaligen Zollgrenzen unsichtbare „Steuergrenzen" treten. Daher wurde in der EG 1972 auch ein einheitliches Umsatzsteuersystem, die sog. „Mehrwertsteuer" eingeführt, wobei Bemessungsgrundlage und Höhe der Steuersätze noch der Angleichung bedürfen. Eine regionale Strukturpolitik will erreichen, daß jene Gebiete des EG-Raumes, die ob ihrer ungünstigen Lage bisher unterentwickelt waren (Süditalien, Sardinien, Korsika, sog. Zonenrandgebiete), erschlossen werden. Auf dem Felde der Sozialpolitik müssen die Lehr- und Arbeitsbedingungen, Schutzbestimmungen, das Versicherungswesen usw. in Einklang gebracht werden, wobei darauf zu achten ist, daß der soziale Fortschritt gewahrt bleibt.

3. Die Europäische Atomgemeinschaft (EURATOM oder EAG)

Die mit der nichtmilitärischen Nutzung der Atomenergie verbundenen Fragen wissenschaftlicher, technischer, finanzieller, juristischer und sanitärer Natur sind so umfassend, daß sie von keiner Nation allein gelöst werden können. Daher ist eine ganze Reihe zwischenstaatlicher Organisationen auf diesem Gebiete tätig. In der Internationalen Atomenergie-Organisation (IAEA), einer Sonderorganisation der Vereinten Nationen, arbeiten Ost und West zusammen. Die Europäische Organisation für kernphysikalische Forschung (CERN) betreibt ausschließlich Kernforschung und befaßt sich nicht mit der technischen Auswertung der Ergebnisse. Ihr gehören auch Großbritannien, Schweden und die Schweiz sowie Jugoslawien an. Auch die OECD hat eine Europäische Kernagentur geschaffen. Die Sechsergemeinschaft gründete in den Römischen Verträgen von 1957 zusätzlich eine übernationale Europäische Atomgemeinschaft.

Diese Gemeinschaft sollte Vorsorge treffen, den rasch wachsenden Energiebedarf Westeuropas auch in Zukunft zu decken. In Forschung und Technik hatten die sechs Mitgliedsländer vor allem gegenüber den USA einen gewaltigen Vorsprung aufzuholen. Eigene Forschungszentren unterhält die Gemeinschaft in Ispra bei Mailand, in Geel (Belgien), Petten (Niederlande) und in Karlsruhe. Eine europäische Ausbildungsstätte mit Hochschulcharakter war vorgesehen. Weiter bildeten die sechs Länder einen Gemeinsamen Markt für Kernerzeugnisse, der 1959 in Kraft trat. Eine Gemeinschaftsaufgabe ist der Schutz sowohl der in der Atomindustrie Beschäftigten als auch der Zivilbevölkerung vor Strahlungsschäden. Auch gilt es, darüber zu wachen, daß spaltbares Material zu keinen anderen als den vorgesehenen friedlichen Zwecken verwendet wird. Wie die EWG kam auch EURATOM 1968 in eine kritische Phase, die immer noch nicht überwunden ist. Eine Spaltung in gemeinschaftliche und nationale Projekte sowie Geldmangel bedrohen ihre Existenz. Ein noch ungelöstes Problem ist aber die Umstrukturierung von EURATOM auf Projekte, die über die reine nukleare Forschung hinaus auch Bereiche der Energiewirtschaft und der nichtnuklearen Technologie umfassen. 1973 traten England, Dänemark und Irland neu bei. Die Arbeit von Euratom wurde noch einmal um vier Jahre verlängert.

4. Die Organe der Neunergemeinschaft

Die Europäischen Gemeinschaften haben in ihrem Aufbau eine gewisse Ähnlichkeit mit einer bundesstaatlichen Verfassung. — Der „Rat" der drei Gemeinschaften ist das föderative und zugleich das legislative Element. Er besteht aus je einem Regierungsmitglied der Partnerstaaten (Minister oder Staatssekretär). — Die ursprünglich getrennten Exekutionen der drei Gemeinschaften wurden vom 1. 1. 1967 an zu einer „Europäischen Kommission" mit Sitz in Brüssel zusammengeschlossen. Die Kommission ist zugleich der Wächter über die Einhaltung der Vertragswerke und der Motor der Integration, da von ihr die Vorschläge zur Verwirklichung der Vertragsbestimmungen ausgehen, über die dann der Rat zu beschließen hat. Zwar sind nun die drei Exekutiven zu einer einzigen zusammengeschlossen. Da aber die Verschmelzung der drei Vertragswerke noch längere Zeit in Anspruch nimmt, sind die Aufgaben und Befugnisse, welche der Kommission aus den drei Verträgen zukommen, verschieden. — Sitz des „Europäischen Gerichtshofes" ist Luxemburg. Er ist eine Art „Verfassungsgericht" und für alle drei Gemeinschaften in gleicher Weise zuständig. — Dasselbe gilt auch für das „Europäische Parlament", das in Straßburg tagt. Seine 198 Abgeordneten werden bis jetzt nicht gewählt, sondern von den nationalen Parlamenten ernannt. Es ist auf Beratung und Kontrollbefugnisse beschränkt. Je mehr Souveränitätsrechte von den Einzelstaaten auf die Gemeinschaftsorgane übergehen, desto dringlicher erhebt sich die Frage nach einer echten parlamentarischen Kontrolle durch ein unmittelbar gewähltes europäisches Parlament.

5. Probleme der EG

Beim Ausbau der EG treten in vier Bereichen immer wieder Schwierigkeiten auf:

a) in der inneren Fortentwicklung der Organisation und der Verfassung,

b) in den Beziehungen zu den übrigen privatwirtschaftlichen, westlich orientierten Staaten Europas, die weitgehend in der EFTA organisiert sind und zum Teil der EWG beitreten wollten, also in der Frage der äußeren Erweiterung der EWG,

c) beim Ausbau der Beziehungen zu den Staatshandelsländern, im östlichen Europa, die im Rat für gemeinsame Wirtschaftshilfe zusammengeschlossen sind,

d) in der Stellung zur übrigen Welt, vor allem zu den ehemaligen überseeischen Besitzungen der früheren Kolonialmächte und zum NATO-Partner USA.

Die seit langem schwelende Krise in der Verfassung der EWG kam am 1. 7. 1965 offen zum Ausbruch. Anlaß waren Meinungsverschiedenheiten über die Verteilung des aus den Beiträgen der Mitgliedsländer gespeisten Fonds zur Finanzierung der Gemeinsamen Agrarpolitik. So gibt die Gemeinschaft z. B. Zuschüsse zur Ausfuhr überschüssiger Agrarprodukte in Drittländer, was vor allem der französischen Landwirtschaft zugute kommt. Da es dem Rat nicht gelang, fristgerecht zum 30. 6. 1965 eine Einigung über die Verteilung der Gelder zu erzielen, stellte Frankreich seine Mitarbeit im Rat der Europäischen Gemeinschaften ein. Es betrieb eine Politik des leeren Stuhls und blockierte so die weitere Entwicklung der Gemeinschaften. Die tiefere Ursache war, daß Frankreich eine Revision der Römischen Verträge wünschte. Staatspräsident de Gaulle befürchtete, daß Frankreich bei fortschreitender Integration „seine nationale Persönlichkeit verlieren" und in den Gemeinschaften ein „technokratischer, staatenloser und niemandem verantwortlicher Areopag regieren würde". Deshalb lehnte Frankreich ebenso die Mehrheitsentscheidung im Rat ab wie ein eigenes politisches Mandat der Kommission und eine Aufwertung des Europäischen Parlaments. Die Bemühungen der Partnerstaaten, Frankreich zu bewegen, wieder seinen Platz am Ratstisch einzunehmen, führten zu einem Kompromiß, der auf einer außerordentlichen Ratstagung im Januar 1966 ausgehandelt wurde.

Während die Zollunion im wesentlichen vollendet ist, bleibt der vorgesehene Aufbau einer Wirtschafts- und Währungsunion noch eine Zukunftsaufgabe.

Daher erteilte eine Gipfelkonferenz der Staats- und Regierungschefs aller Mitgliedsstaaten 1969 einer Studiengruppe unter Vorsitz des luxemburgischen Ministerpräsidenten Werner den Auftrag einen Stufenplan zu erarbeiten, der die Vollendung dieser Union bis 1980 ermöglichen sollte. Der im Herbst 1970 vorgelegte Plan („Werner-Plan") sah für die Schaffung der vollen Wirtschafts- und Währungsunion drei Stufen vor. In der ersten sollte von 1971—1973 die nationale Wirtschaftspolitik stärker koordiniert, durch gemeinsame Orientierungsdaten unterbaut und die Entwicklung dreimal jährlich überprüft werden. Die einzelnen Regierungen sollten sich vor wichtigen nationalen Entscheidungen konsultieren, die Wechselkursschwankungen einschränken und die Geld- und Kreditpolitik bei freierem Kapitalverkehr durch Leitlinien einander anpassen. Grenzkontrollen bei Reisen hätten zu entfallen, die Steuersätze wären auszugleichen und die staatliche Ausgabenpolitik müßte aufeinander abgestimmt werden. Nach einer Regierungskonferenz sollten dann in der zweiten Phase von 1974 bis 1979 immer mehr nationale Befugnisse auf die Gemeinschaftsorgane übergehen, der Einfluß Brüssels auf die Staatshaushalte sollte verstärkt und ein Fonds für gemeinsame Währungsreserven geschaffen werden. Im Jahre 1980 könnte dann eine gemeinsame Europawährung die Entwicklung abschließen.

Die lose finanzielle Zusammenarbeit der Europäischen Staaten besteht an sich bereits seit der Gründung der Europäischen Zahlungsunion durch die Mitglieder des OEEC, des Europäischen Wirtschaftsrates, im Jahre 1950 (s. S. 7). Sie hatte sich die Liberalisierung des Güteraustausches und die Förderung der Konvertibilität der Währungen als Ziel gestellt (EZU) und wurde 1958 durch das Europäische Währungsabkommen ersetzt (EWA), das den multinationalen Zahlungsausgleich durchführt. Es wurde durch den Europäischen Fonds für kurzfristige Kredite unterstützt, der bei Zahlungsschwierigkeiten eines Mitglieds einspringt, der jedoch bei der Erneuerung des Europäischen Währungsabkommens 1972 aufgelöst wurde. Die in Gold einbezahlten Leistungen des Fonds gingen an die beteiligten 18 Nationalbanken zurück. An seine Stelle trat ein neuer Ausschuß für Währungsfragen. Er überprüft die Währungsgarantie und legt dem OECD-Rat bei Zahlungsbilanzschwierigkeiten eines Mitglieds Ratschläge vor.

Die Regierungen standen also jetzt vor der Frage, ob sie von der Kooperation zur Integration übergehen, der schrittweisen Übertragung wirtschaftspolitischer Entscheidungsbefugnisse auf die Gemeinschaftsorgane und dem Verzicht auf nationale Souveränitätsrechte zustimmen wollten. Besonders Frankreich zeigte hier ernste Bedenken was verhinderte, daß die Eingangsstufe am 1. 1. 1971 rechtzeitig beginnen konnte. Der Rat beschloß daraufhin trotzdem am 22. März 1971 folgende Maßnahmen für die erste Phase, die im April 1973 überprüft und zum Ende dieses Jahres abgeschlossen sein sollten: eine Verstärkung der Koordinierung der kurz- und mittelfristigen Wirtschaftspolitik, sowie der Geld- und Kreditpolitik, die Harmonisierung der Steuern, eine Beschleunigung des freien Kapitalverkehrs, erste Maßnahmen zur Lösung struktureller und regionaler Probleme und eine Ausprägung der Gemeinschaft im Weltwährungssystem.

Die Dollar- und Energiekrisis, aber auch der Beitritt dreier neuer Staaten beeinträchtigten 1972 und 1973 die Entwicklung stark, verzögerten und störten sie. Der noch unvollkommene Grad der Verflechtung der einzelnen Binnenmärkte verursachte in Verbindung mit den unterschiedlichen Konjunkturabläufen ein mehr oder

minder gewichtiges Auseinanderklaffen (= Disparität) der Konjunkturentwicklung. Die allmählich zu verschmelzenden Volkswirtschaftskörper weisen zwar in den Grundtatsachen so viele Parallelen auf, daß die Aufgabe als möglich erscheint, es zeigt sich aber doch deutlich, daß in der EG nicht nur verschieden organisierte Märkte zusammengefügt werden, sondern daß in der Gemeinschaft auch verschiedene Wirtschaftskonzeptionen zusammentreffen. So geht es in der Politik der Gemeinschaft letztlich auch darum, welche von ihnen sich durchsetzt. Die Gemeinschaft muß sich beispielsweise darüber klar werden, ob sie einer liberalen Wirtschaft zustrebt, in der das Wirtschaftsleben weitgehend durch den Wettbewerb geregelt wird, oder ob und in welchem Maße die öffentliche Hand auf dem Wege der Planung steuernd in das Wirtschaftsgeschehen eingreifen soll. So baute Frankreich nach dem Kriege seine Wirtschaft auf der Grundlage einer elastischen Planung wieder auf, während die Regierung der Bundesrepublik ursprünglich jeder Wirtschaftsplanung abgeneigt war; seit der Großen Koalition in Bonn steht jedoch auch die Bundesregierung dem Gedanken einer mittelfristigen Planung aufgeschlossen gegenüber. Eine ähnliche Grundsatzentscheidung steht in einer anderen Frage an: Die EG mußte sich schlüssig werden, in welchem Ausmaß sie sich dem Welthandel öffnen will. Es ist dies eine Frage, die nicht nur die Mitglieder der EG, sondern auch die „Drittländer" berührt. Wenn die EG die Außenzölle niedrig hält und auch sonstige Handelshemmnisse abbaut, erhöht sich der Warenaustausch der EG-Länder mit Drittländern. Das bedeutet natürlich auch, daß Waren, die von außen kommen, den heimischen Produkten Konkurrenz machen. Es ist aber auch eine Wirtschaftspolitik denkbar, die auf einen hohen Grad von Eigenversorgung bedacht ist und daher fremde Produkte tunlichst vom europäischen Markt fernhält. Aktuell wurde diese Frage im Zuge der von 1964—1967 geführten Verhandlungen im Rahmen der sog. Kennedy-Runde des GATT und auch 1974, sowie der Welthandels- und Entwicklungskonferenzen der UNCTAD.
Die wirtschaftliche Verflechtung der Partnerländer ist seit 1958 weit fortgeschritten. Die Steigerungsrate des EG-Binnenhandels war von 1960 bis 1971 etwa doppelt so groß wie die des EG-Außenhandels. Der innergemeinschaftliche Verkehr gewinnt immer mehr Gewicht, wenn er auch in seinem Umfang noch hinter dem Außenhandel der EG mit Drittländern zurückliegt. Das Bruttosozialprodukt wuchs von 1960 bis 1970 von 191 auf 536, in Großbritannien von 72 auf 135, in den USA von 512 auf 1006 Mrd. RE (= Europäische Rechnungseinheiten; 1 RE = 0,888671 g Feingold, auch Eur). Ein besonders schwieriges Gebiet war der erfolgreiche Aufbau eines gemeinsamen Agrarmarktes. Nur unter massivem Druck kam man hier voran. Frankreich suchte vor allem für seine überschüssigen Agrarerzeugnisse einen Absatz im EG-Raum, doch hat auch die deutsche Landwirtschaft sich neue Möglichkeiten erschlossen.

Die Überprüfung der Ergebnisse der ersten Integrationsstufe im April 1973 ergab allerdings doch noch in vieler Hinsicht unbefriedigende Fortschritte. Obwohl ein Ausschuß zur Koordinierung der Wirtschaftspolitik und eine besondere Koordinierungsgruppe geschaffen worden waren und der Rat, wie vorgesehen, dreimal im Jahre zusammentrat, hatte man nur allgemeine Empfehlungen und keine konkreten Maßnahmen erzielt. Bei der Liberalisierung des Kapitalverkehrs und der Koordinierung der Kapitalmarktpolitik wurden in den siebziger Jahren keine Fortschritte erreicht, die Bandbreiten der Wechselkurse konnten nicht verengt und auch die Steuerharmonisierung nur zum Teil vorwärtsgetrieben werden. Seit dem 1. 4. 1973 wenden wenigstens alle Mitgliedsländer, einschließlich der neuen, grundsätzlich die Mehrwertsteuer an. An der Harmonisierung der Verbrauchssteuern wird seit 1973 gearbeitet.

Die Kommission stellte fest, daß die nationalen Währungssysteme sich als immer weniger lebensfähig erweisen. Deswegen forderte sie für die Gemeinschaft bis 1976 einen eigenständigen Währungsraum. Zur besseren Koordinierung der Wirtschaftspolitik seien gleitende, jährlich überprüfte Fünfjahresprojektionen zu er-

stellen. Die Nachfragesteuerung müsse harmonisiert und die Währungspolitik, vor allem auch in internationalen Währungsangelegenheiten, z. B. der Reform des Weltwährungssystems, koordiniert werden. Auch die einzelstaatlichen Instrumente der Wirtschaftspolitik müssen mehr einander angepaßt und durch gemeinschaftliche Instrumente ergänzt werden. Die wichtigsten wirtschaftlichen und gesellschaftlichen Kräfte sollen stärker an der Verwirklichung der Gemeinschaftsziele beteiligt sein. Die strukturellen und regionalen Probleme müßten Vorrang erhalten.
Die Struktur der Landwirtschaft muß in der EG allgemein verändert werden. Von 1971 bis 1976 werden zwei Millionen Erwerbstätige aus ihr ausscheiden. 300 000 neue Arbeitsplätze werden deshalb benötigt. Es erwies sich als notwendig, daß sozialpolitischen Entscheidungen Gegenüberstellungen auf Gemeinschaftsebene vorangehen. Ein Ausschuß für Regionalpolitik soll die Übereinstimmung in den Zielsetzungen und der Verwendung der verfügbaren Mittel sichern und die Regionalpolitik der Mitglieder einander anpassen. Dabei sollen nicht nur Entwicklungsgebiete, sondern auch industrielle Ballungsräume erfaßt werden. Zur Finanzierung wird ein EG-Fonds für multilaterale Regionalförderung geschaffen. Die Höhe der Mittel, wie auch die Einzelheiten der Verwendung führte insbesondere zu einem Konflikt zwischen Großbritannien und der Bundesrepublik, die befürchtete, ähnlich wie beim Agrarfonds zum Hauptnettozahler zu werden. Sie mußte seit dem vollen Anlaufen des Agrarfonds, also von 1966 bis 1972 insgesamt 14,3 Mrd. an die EG abführen, erhielt aber nur 7,1 Mrd. als Leistung zurück. In sieben Jahren mußte sie also 7,1 Mrd. Nettofinanzierung der EG bestreiten. 1973 erhöhte sich das Passivsaldo sogar auf über 2 Mrd.

Seit Ende 1973 sah sich die EG mit weiteren, seine Existenz bedrohenden Schwierigkeiten konfrontiert:

1. den Forderungen Großbritanniens auf Neuverhandlungen seiner Beitrittsbedingungen nach der Regierungsübernahme durch die Labour Party, die vorher schon der Arbeit im Straßburger Parlament ferngeblieben war. Dabei hatte es 1973 bei halbierter Beitragszahlung aus dem Sozialfonds der EG 31% erhalten und einen ähnlichen Anteil aus dem Regionalfonds zu erwarten. Der starke Anstieg der Lebensmittelpreise aber, der der EG angelastet wurde, war durch die Entwicklung der Preise auf dem Weltagrarmarkt bedingt (März 1974).
2. dem Ausscheiden Frankreichs aus dem europäischen Währungsverbund mit seinem gemeinsamen Gruppenfloaten, wobei trotz der Kursfreigabe des Franc gegenüber den übrigen EG-Währungen, der „Währungsschlange", die Regeln des Gemeinsamen Agrarmarktes mit den Absatzgarantien für die französischen Agrarüberschüsse und die europäische Finanzsolidarität erhalten bleiben sollten (Jan. 1974).
3. die Aufhebung des freien innergemeinschaftlichen Warenverkehrs seitens Italien durch die Einführung einer für ein halbes Jahr festgelegten fünfzigprozentigen Kaution auf Importe aus der EG ohne vorausgehende Beratung mit den Partnern (Mai 1974).
4. die Erhöhung der Importabgaben auf Güter des gehobenen Bedarfs durch die dänische Regierung zum Ausgleich des hohen Handelsdefizits und zur Abschöpfung überschüssiger Kaufkraft. Diese bis zum Jahresende geltende erhöhte indirekte Besteuerung sollte der Wiederherstellung der Stabilität dienen (Mai 1974).
Die Gemeinschaft muß in ihrem weiteren Entwicklungsprozeß mit der unterschiedlichen geschichtlichen Entwicklung, der gegenwärtigen Struktur, der abweichenden Mentalität und dem vielfältigen politischen Gepräge der Mitgliedsstaaten fertig werden. Dazu ist ein klares Wissen um das Ziel, Phantasie, viel Geduld und geistige Beweglichkeit nötig, aber auch Rücksicht und Verständnis. Nach dem Beschluß der

Gipfelkonferenz der Regierungs- und Staatschefs von 1972 bleibt es jedoch das Ziel, „vor dem Ende dieses Jahrzehnts in absoluter Einhaltung der bereits geschlossenen Verträge die Gesamtheit der Beziehungen der Mitgliedsstaaten in eine Europäische Union umzuwandeln". Dabei soll das Straßburger Parlament auch vermehrte Rechte in der Aufstellung und Kontrolle des Haushalts bekommen

6. An die EG assoziierte Staaten

Die EG hat Assoziierungsabkommen mit Griechenland (1962) und der Türkei (1964) abgeschlossen. Sie sollen den beiden Ländern die Möglichkeit geben, in einer längeren Übergangszeit ihre noch ziemlich rückständige und dem Wettbewerb auf dem Gemeinsamen Markt nicht gewachsene Wirtschaft so zu entwickeln, daß sie schließlich als Vollmitglieder alle Rechte und Pflichten der Römischen Verträge übernehmen können. Österreich, Schweden und die Schweiz verhandeln mit der EG über ein wirtschaftliches Arrangement, das ihrer besonderen Lage als politisch neutralem Land Rechnung trägt. Mit dem Iran und dem Libanon hat die EG Handelsverträge abgeschlossen.
Ein bis 1975 verlängertes Assoziierungsabkommen anderer Art besteht seit 1958 mit 18 afrikanischen Staaten (siehe Abb. 1). Es sind dies solche Länder, die früher einmal in einem Abhängigkeitsverhältnis zu einem der sechs EWG-Länder standen, inzwischen aber die Unabhängigkeit erhielten. Begreiflicherweise ist die Wirtschaft dieser Staaten auf den Austausch mit ihren ehemaligen Mutterländern angewiesen, mit denen sie ja einmal eine Wirtschaftseinheit bildeten. So haben sie aus freien Stücken die Form der Assoziierung gewählt, um ihre alten Wirtschaftsbeziehungen aufrechterhalten und ausbauen zu können. Die EG räumt den Produkten der 1973 durch den Beitritt von Mauritius auf 19 angewachsenen Länder freien Zugang zum Gemeinsamen Markt ein, umgekehrt gewähren auch die 19 afrikanischen Länder den Neun ungehinderten Zugang ihrer Produkte, freilich mit der Maßgabe, daß sie zum Schutze ihrer erst im Aufbau befindlichen Wirtschaft, vor allem der Industrie, Zölle und Mengenbeschränkungen auch gegenüber EG-Ländern einführen können. Die EG aber leistet diesen Entwicklungsländern technische und finanzielle Entwicklungshilfe aus einem Entwicklungsfonds, der von den Neun gemeinsam aufgebracht wird. Für diese Assoziation wurden eigene Organe geschaffen, in denen die neun europäischen und die 19 afrikanischen Staaten paritätisch vertreten sind. Europäer und Afrikaner arbeiten hier gleichberechtigt zusammen.
Ähnliche Assoziierungen bestehen zwischen der EG und den zum Commonwealth gehörigen Staaten Nigeria, Kenia, Uganda, Tansania, sowie zu Marokko und Tunesien und auch zu den in einem besonderen Verhältnis zu den Niederlanden stehenden Gebieten, nämlich Niederländisch Guayana (Surinam) und den Niederländischen Antillen. Darüber hinaus schloß die EG noch eine Reihe von Präferenz-Verträgen mit Spanien, Israel und Jugoslawien, wodurch mit diesen Ländern Liberalisierungs- und andere Begünstigungen vereinbart wurden, gegen die aber die USA und andere Handelspartner Stellung nahmen. Ende 1973 liefen in Brüssel Verhandlungen mit rund 40 assoziierten und assoziierungsbereiten Entwicklungsländern.

7. Der Plan einer Europäischen Politischen Union

Während die wirtschaftliche Einigung Europas beachtlich fortgeschritten ist, verharrt die politische im Stadium der Diskussion von Initiativen und Plänen. Dabei bestand und besteht Einigkeit darüber, daß eine enge politische Zusammenarbeit der europäischen Staaten mindestens innerhalb der Sechsergemeinschaft unerläßlich ist. Churchill hatte in seiner historischen Züricher Rede 1946 eine Art „Vereinigter Staaten von Europa" gefordert. Er fuhr fort: „Die Struktur der Vereinigten Staaten von Europa wird so sein müssen, daß die materielle Stärke einzelner Staaten an Bedeutung einbüßt." Auch die Unterzeichner der Römischen Verträge von 1957 wollten nichts anderes, als daß die wirtschaftliche Integration in der EWG einen politischen Zusammenschluß in die Wege leiten sollte. In der Tat einigten sich die Regierungschefs der Sechsergemeinschaft im Jahre 1961 in Bonn auf eine Erklärung, in der sie dem Willen Ausdruck verliehen, der „politischen Einigung Form und Gestalt zu geben". Sie beauftragten eine Kommission unter Vorsitz des Franzosen Fouchet mit der Ausarbeitung eines Statutenentwurfs der zu bildenden Europäischen Union. Aber all diese und ähnliche Formulierungen hatten den Vorteil, ebenso vielversprechend wie ungenau zu sein: „Hinter dem ‚immer engeren Zusammenschluß' kann sich genausogut das harmlose Lamm bloßer internationaler Zusammenarbeit auf völkerrechtlicher Ebene wie auch der mächtige Löwe eines künftigen europäischen Bundesstaates verstecken" (R. Mayne). Damit sind die Meinungsunterschiede bezeichnet, die hinsichtlich der Gestalt eines politischen Zusammenschlusses in Europa bestanden und noch bestehen. Sie traten zutage, als der Fouchet-Ausschuß im März 1962 einen Statutenentwurf vorlegte, der in einer Reihe wesentlicher Bestimmungen zwei Fassungen enthielt, die eine, welche den Standpunkt der französischen Delegation aussprach, und eine zweite, auf welche sich im großen und ganzen die fünf übrigen Delegationen geeinigt hatten.

Eine politische Zusammenarbeit, eine Koordinierung der Politik, etwa im Rahmen vertraglich festgelegter Konsultationen, aber unter voller Wahrung der nationalen Souveränität, das ist es, was der französische Staatspräsident de Gaulle unter der Formel „Europa der Staaten" oder auch „Europa der Vaterländer" anstrebte. „Deshalb weil die Union Westeuropas – Deutschland, Italien, Holland, Belgien, Luxemburg, Frankreich – ein Hauptziel unseres politischen Wirkens ist, wollen wir nicht in ihr aufgehen. Jedes System, das darin bestände, unsere Souveränität internationalen Gremien zu übertragen, wäre unvereinbar mit den Rechten und Pflichten der Französischen Republik. Ein solches System wäre mit Sicherheit auch ohnmächtig, die Völker auf den Gebieten mitzureißen, auf denen es um ihre Seele und ihr Fleisch und Blut geht." (Fernsehansprache an das franz. Volk am 19. 4. 1963.) Dem stehen etwa die kurz zuvor erfolgten Äußerungen des Vorsitzenden des Aktionskomitees für die Vereinigten Staaten von Europa Jean Monnet gegenüber: „Die politische Integration muß, um eine Realität zu sein, unter anderem die Möglichkeit von Majoritätsbeschlüssen in gemeinsamem Interesse schaffen."

Zu diesen Meinungsunterschieden kamen weitere, nämlich im Zusammenhang mit der Zugehörigkeit Großbritanniens und in bezug auf die Haltung, die eine künftige europäische Union gegenüber den USA einnehmen soll. Über diese Schwierigkeit ist die europäische Politik bisher nicht hinweggekommen, obwohl in der Zwischenzeit einige Vorstöße zur Überwindung des toten Punktes gemacht wurden. Soviel dürfte sich in der bisherigen Diskussion herausgeschält haben: Die künftige politische Union Westeuropas wird stark föderativen Charakter haben. Einen ersten Schritt in Richtung auf eine politische Union bringt der im Oktober 1970 gebilligte sog. Davignon-Plan. Er verpflichtet die Mitglieder zu halbjährigen Außenminister-Konferenzen mit dem Ziel der Absprache ihrer außenpolitischen Haltung. Ein politisches Komitee von Beamten der Außenministerien soll die Sitzungen vorbereiten.

Referate zu Abschnitt IVc: 1. Die wirtschaftl. Stellung der EWG in der Welt (Nr. 7 d, 11 d, d, i Fischer-Weltalmanach 1960–71, IRO-Weltwirtschaftsatl. Nr. 159). 2. Die wirtsch. Stellg. der BRD in der EWG (Akt. IRO-Landkarte Nr. 149, Fischer-Almanach 1960 ff., Nr. 11 e, 7 d). 3. Atomforschung in Europa (IRO-Weltwirtschaftsatl. Nr. 131, 162, Nr. 9 b, S. 41 ff., Nr. 11 b, Karte 6, Nr. 11 i, S. 17 f.). 4. Partnerschaft Europa-Afrika (Nr. 11 f + i, Nr. 3, S. 50, 222 ff., 384, IRO-Weltwirtschaftsatl. Nr. 166).

VI. Zusammenschlüsse der europäischen Ostblockländer

a) Der Warschauer Pakt

Sitz des Vereinigten Sekretariats und der Ständigen Kommission: Moskau.

Auch die Staaten des „sozialistischen Lagers" in Europa haben sich, unter Führung der Sowjetunion, zusammengeschlossen. Die militärische Organisation des Ostblocks, der Warschauer Pakt, wurde 1955 als Antwort des Ostens auf die Gründung der WEU (s. d.) und die Einbeziehung der Bundesrepublik Deutschland in das westliche Verteidigungssystem beschlossen. Zwar hatten sich die Ostblockstaaten in zweiseitigen Verträgen zu „Freundschaft, Zusammenarbeit und Beistand" gegenseitig verpflichtet, die 1966/70 erneuert wurden. Die acht Partnerstaaten garantieren sich im „Falle eines Überfalls" automatischen Beistand. Auch die Warschauer Pakt-Staaten haben – ähnlich wie die NATO – eine supranationale Militärorganisation geschaffen. Nationale Truppenkontingente sind einem „Vereinigten Oberkommando" unterstellt, ein supranationaler Generalstab leistet die Planungsarbeit. Jährlich mindestens zweimal tritt der Politische Beratende Ausschuß zusammen, der in etwa dem „Rat" der westlichen Organisation entspricht und in dem jede Regierung vertreten ist. In der Zwischenzeit soll eine Ständige Kommission die Außenpolitik aufeinander abstimmen. Die VR China und die asiatischen Ostblockländer sind dem Pakt nicht beigetreten. Die Mitgliedschaft Albaniens war schon seit Jahren praktisch unwirksam. 1968 trat es formell aus (ČSSR!).

b) Der Rat für gegenseitige Wirtschaftshilfe (RGW oder COMECON)

Der im Jahre 1947 in Moskau ins Leben gerufene Rat für gegenseitige Wirtschaftshilfe, im Westen mehr unter der englischen Abkürzung COMECON bekannt, war zunächst die Antwort Moskaus auf den 1947 verkündeten Marshallplan. An diesem Hilfsprogramm der USA für das wirtschaftlich darniederliegende Europa hatten sich zunächst auch die im sowjetischen Einflußbereich liegenden Staaten Polen, Tschechoslowakei und Jugoslawien interessiert gezeigt.

Der RGW kann nur mit Vorbehalten als östliches Gegenstück zur EWG betrachtet werden. Die politischen Entwicklungen innerhalb des Ostblocks brachten es mit sich, daß der RGW sowohl hinsichtlich seiner Funktionen als auch hinsichtlich der Zahl seiner Mitglieder erheblichen Schwankungen unterworfen war. Heute gehören ihm die europäischen Ostblockländer an, dazu seit 1962 als einziges nichteuropäisches Land die Mongolische Volksrepublik. Die Volksrepublik Albanien trat 1949 dem COMECON bei, sie wurde aber 1962, nachdem sie im ideologischen Konflikt Moskau–Peking die Partei Chinas ergriffen hatte, der Mitgliedschaft für verlustig erklärt. Jugoslawiens Verhältnis zum RGW war sehr wechselhaft und spiegelt den Stand der politischen Beziehungen zur Sowjetunion. Zuletzt wurde zu Beginn des Jahres 1965 eine enge Zusammenarbeit vereinbart, ohne daß das Land die Vollmitgliedschaft erwarb. Die Volksrepublik China, Nordvietnam und Nordkorea gehören dem RGW nicht an, waren aber zeitweilig in den Organen des COMECON durch Beobachter vertreten. Begründet wurde die Nichtmitgliedschaft Chinas damit, daß im sozialistischen Weltsystem nur die UdSSR und China die Voraussetzungen für eine eigenständige Wirtschaftspolitik besäßen.
In der Ära Stalins, also von 1949—1963, war der RGW in erster Linie eine große Handelsorganisation. Die europäischen Ostblockstaaten lösten sich mehr und mehr von den wirtschaftlichen Verflechtungen mit dem Westen und banden sich eng an die Sowjetunion. Dies führte zu einer völligen Umkehr des bisherigen Warenaustausches. Insbesondere hat sich der Güteraustausch mit der Sowjetunion, der vor dem 2. Weltkrieg im Zeichen der auf Autarkie ausgerichteten sowjetischen Wirtschaftspolitik unbeträchtlich war (meist unter 1% des Gesamtvolumens), in

wenigen Jahren vervielfacht und betrug schon 1966 in jedem der europäischen Ostblockstaaten mehr als 50%.
Über die Steigerung des Binnenhandels hinaus war jene Phase des RGW gekennzeichnet durch die Errichtung sog. „gemischter Gesellschaften", das waren Fabrik- und Handelseinrichtungen, die von der SU und der jeweiligen Regierung gemeinsam gegründet und gemeinsam geleitet wurden, sowie durch die Tätigkeit zahlreicher sowjetischer Berater und Experten in den Schlüsselpositionen des Wirtschaftslebens der europäischen Ostblockstaaten. Beides wurde in der Zeit nach Stalins Tod bis 1956 aufgegeben.
Nach 1956, während der Regierungstätigkeit Nikita Chruschtschows, wandelte der COMECON seine Aufgabe und damit auch seine Organisation. Auf der Linie der vom sowjetischen Parteichef proklamierten „friedlichen Koexistenz" stellte die Weltkonferenz der kommunistischen Arbeiterparteien im November 1960 fest, das wichtigste Kampfmittel im wirtschaftlichen friedlichen Wettbewerb mit dem Kapitalismus sei die „internationale sozialistische Arbeitsteilung". Der RGW wurde das Organ für die Durchführung dieses Grundsatzes. Von nun an sollte nicht mehr jedes sozialistische Land auf eine möglichst vollkommene Ausgestaltung seiner nationalen Volkswirtschaft unter bevorzugtem Aufbau einer eigenen Schwerindustrie bedacht sein, vielmehr sollte es sich im Rahmen einer sozialistischen Großraumwirtschaft auf jene Produktionszweige verlegen, für die es besonders günstige Voraussetzungen mitbrachte. So hoffte man eine billigere und qualitativ bessere Produktion zu erreichen und dem großen Hauptziel näherzukommen, das kapitalistische Ausland – namentlich die USA – ein-, ja überholen zu können. Bei dem planwirtschaftlichen Charakter der Ostblockwirtschaft mußten zu diesem Zweck sowohl die langfristigen Perspektiv- als auch die kurzfristigen Volkswirtschaftspläne der Partnerländer aufeinander abgestimmt werden, ein System der multilateralen Verrechnung auf der Basis eines konvertierbaren Rubels (vgl. OECD) wurde entwickelt (Nov. 1963: Gründung der Bank f. Wirtsch. Zusammenarbeit = COMECON-Bank). Es galt, eine Vereinheitlichung der Produktion durch Standardisierung und Beschränkung der Typenzahl zu erreichen, die Zusammenarbeit der Forschung zu organisieren, um auch auf diesem Gebiet einem unwirtschaftlichen „Parallelismus" vorzubeugen. Probleme der Rohstoff- und Energieversorgung (Einrichtung der Erdölfernleitung „Freundschaft" vom Ural nach Mitteleuropa, sowie des Elektroverbundsystems „Frieden") und Transportfragen waren zu lösen.

Dem veränderten Aufgabenbereich diente eine umgestaltete und wesentlich erweiterte Organisation. Zum Sekretariat in Moskau und dem in der Regel zweimal im Jahre wechselweise in den Hauptstädten der Mitgliedsländer tagenden Rat, der seine Beschlüsse unter Wahrung des Prinzips der Einstimmigkeit fällt, kamen weitere Organe. Dabei ist zu beachten, daß im Ostblock die großen Entscheidungen weniger auf Regierungs- als auf Parteiebene getroffen werden. Daher traten in den letzten Jahren die Ersten Sekretäre der Parteien und die Regierungschefs mehrfach zu RGW-Gipfelkonferenzen zusammen. Auf einer solchen wurde im Jahre 1962 auch die Einrichtung eines Exekutivkomitees vereinbart, das die auf den Ratstagungen gefaßten Beschlüsse in die Tat umsetzen soll. In ihm kann man den Ansatz zu einer übernationalen Behörde sehen. Es tritt in der Regel alle zwei Monate – meist in Moskau – zusammen. Außerdem rief man – verteilt auf die Mitgliedsländer – zahlreiche Ständige Kommissionen ins Leben, welche die Zusammenarbeit auf Teilgebieten in Ausführung der Ratsbeschlüsse vorantreiben sollen, beispielsweise die 1956 gegründete Kommission für Landwirtschaft mit Sitz in Sofia, die 1958 gegründete Kommission für Transportwesen in Warschau und eine solche für Bauwesen, ebenfalls 1958 geschaffen, mit Sitz in Ostberlin. 1969 waren 20 solcher Zweigkommissionen an der Arbeit.

Auch in Osteuropa wird um die Frage gerungen, ob der wirtschaftliche Zusammenschluß supranationalen Charakter haben soll oder nicht. Insbesondere die Sozialistische Republik Rumänien, die einer einseitigen Entwicklung ihrer Nationalwirtschaft nicht zustimmen will, war bisher nicht bereit, den COMECON-Organen übernationale Befugnisse zuzugestehen und auf den Aufbau einer nationalen Schwerindustrie zu verzichten. In den letzten Jahren ist in der UdSSR und den übrigen COMECON-Staaten (vor allem in Rumänien) eine wesentliche Verstärkung des Außenhandels vor allem mit den westlichen Industrieländern – weniger mit den Entwicklungsländern – eingetreten, während der Handel mit den übrigen COMECON-Partnern bei absoluter Zunahme seines Volumens prozentual stagnierte oder sogar zurückging. Gleichwohl hat die wirtschaftliche Zusammenarbeit der COMECON-Länder auch in den letzten Jahren erhebliche Fortschritte erzielt. Die wirtschaftliche Verflechtung nimmt zu. Der Aufbau eines in sich geschlossenen wirtschaftlichen Großraumes schreitet auch in Osteuropa fort, obgleich zahlreiche Hemmnisse zu überwinden sind, die teils in der Eigenart des Wirtschaftssystems, teils in der politischen Situation begründet sind; manchmal sind sie aber auch darauf zurückzuführen, daß sich hier industriell recht unterschiedlich entwickelte Staaten zusammengeschlossen haben. Seit der Besetzung der Tschechoslowakei und dem anschließend ausgehandelten „Vertrag über Freundschaft, Zusammenarbeit und gegenseitigen Beistand" hat Moskau die Bestrebungen einer sozialistischen Integration verstärkt. Die unterschiedlichen staatlichen Interessen, die auch hier Schwierigkeiten bereiten, führten dazu, daß z. B. Rumänien der 1969 beschlossenen gemeinsamen Investitionsbank erst nach längerem Widerstreben 1971 beitrat. Diese soll eine zentrale Lenkung der Investitionen und die Durchführung größerer Projekte sowie die verstärkte Erschließung in der UdSSR ermöglichen, daneben aber auch den Zahlungsverkehr mit dem Westen regeln und vielleicht dem Euro-Dollar einen Euro-Rubel entgegenstellen, um so mit dem Euro-Dollar zu konkurrieren.

Der Rat für gegenseitige Wirtschaftshilfe wie auch die UdSSR ignorierten bis zum Jahre 1973 die Existenz der EG unter besonderer Betonung der staatsrechtlichen Souveränitätsprobleme. Das realpolitische Verhalten der rumänischen Volksrepublik, die monetäre Kontaktnahme von einzelnen COMECON-Staaten durch Anleihen auf dem Kapitalmarkt der EG und die rasche Zunahme von Kooperationsprojekten führte jedoch zur Änderung des Verhältnisses. Die immer stärker werdende Industrialisierung der COMECON-Staaten ließ die Anbahnung von Handelsbeziehungen zur Europäischen Gemeinschaft als erwünscht erscheinen. Die Schwerfälligkeit bei Absprachen über Lieferungen, wie auch die Problematik der Lieferverpflichtungen innerhalb des sozialistischen Marktes begünstigten ebenso die Verhandlungsbereitschaft, wie der Bedarf an Kapital. Im Juni 1973 einigten sich darum die Minister auf der COMECON-Tagung in Prag über ihre Stellung zur EG, und im September desselben Jahres nahm Fadejew, der sowjetische Generalsekretär des RGW, in Kopenhagen die Verbindung zur Europäischen Gemeinschaft auf. Das Ziel innerhalb des COMECON bleibt aber weiterhin eine Verstärkung des östlichen Wirtschaftsblocks durch harmonischere Anpassung der einzelnen Volkswirtschaftspläne und eine Intensivierung der Integration bei rationell fortentwickelter, gesteigerter Arbeitsteilung im RGW-Raum und gleichzeitiger erhöhter Berücksichtigung des Weltmarkts.

Referate zu Abschnitt VI: 1. Das Verhältnis COMECON—EG (Nr. 3: Beleg-Nr. 119, 161, Nr. 16, Jg. 13, H. 8, S. 13, Jg. 14, H. 5, S. 43 f.). 2. Rumäniens Verhältnis zum COMECON: Zeitschrift „Hinter dem Eisernen Vorhang", Jg. X (1964) H. 4/5, S. 42, H. 7/8, S. 11 ff., H. 10, S. 36. 3. Der Anteil der Volksdemokratien an Weltwirtschaft und Welthandel (Fischer-Weltalmanach, IRO-Weltwirtschaftsatlas). 4. Sozialistische Integration: Sowjetunion heute, Jg. 15 (1970) H. 1, S. 20—22. 5. Wirtschaftsblock COMECON-Länder Wandzeitung Heimat und Welt 1973, Nr. 8 (Starnberg).

VII. Die Rückwirkungen des europäischen Zusammenschlusses auf das deutsche Wirtschafts- und Sozialgefüge

Der sich langsam herausbildende westeuropäische Großraum wird das wirtschaftliche und gesellschaftliche Leben seiner Partnerländer umgestalten. Diese Wandlungen werden auch das Landschaftsbild verändern.

a) Die Landwirtschaft

Nirgends wird dies in Westdeutschland besser sichtbar als im Bereich der Landwirtschaft. Das hat seine Gründe in der deutschen Agrargeschichte und in der Agrarpolitik der letzten 100 Jahre. Die herkömmliche deutsche Agrarstruktur wurzelt geschichtlich in der Naturalwirtschaft des Mittelalters, in der sich jeder Bewohner des Landes weitgehend mit Nahrungsmitteln selbst versorgte. Adel und Geistlichkeit bezogen ihren Unterhalt aus den Naturalabgaben ihrer Hintersassen. Die kleinen, meist selbst (halb-)agrarischen Städte versorgten sich aus dem unmittelbaren Umland. Ein Transport von Agrarprodukten über weite Strecken fand nicht statt und wäre auch kaum möglich gewesen. Unter diesen Verhältnissen war die Vielfruchtkultur, verbunden mit Viehhaltung, die auch dem Klima entsprechende Wirtschaftsstruktur. Sie wurde selbst in den ungünstigen Lagen der Gebirgsländer beibehalten. Einzig der Weinbau war seit jeher eine Sonderkultur von überörtlicher Bedeutung. Diese herkömmliche Agrarverfassung änderte sich im Zeichen der Industriellen Revolution entscheidend. Beginnend um 1840 und verstärkt seit 1870, ballt sich bei gleichzeitigem starken Bevölkerungswachstum eine nichtagrarische Verbraucherschicht in den Industrierevieren und Großstädten zusammen. So entstehen aufnahmefähige Märkte für landwirtschaftliche Produkte. Eisenbahn, Dampfschiff und Kühltechnik machen zugleich den Massentransport landwirtschaftlicher Güter an die Stätten des Verbrauchs möglich. Nun erfolgt auch die Erschließung der fruchtbaren Steppengebiete der Ukraine und in Amerika: Billiges überseeisches Getreide drängt nach Europa, ein agrarischer Weltmarkt entsteht. Von diesem aber schließt sich Deutschland in der Bismarckzeit ab. Während etwa die Getreidelieferungen aus Übersee den britischen Ackerbau fast verschwinden ließen, hält die deutsche Agrarpolitik ausländische Zufuhren möglichst fern. Dafür sprechen nicht nur die unmittelbaren Interessen politisch einflußreicher Kreise, wie des ostelbischen Großgrundbesitzes, sondern auch strategische Überlegungen. Ein Land wie Deutschland – ohne offenen Zugang zum Meere – ist für längere Zeit nicht zu verteidigen, wenn die Ernährungsbasis nach Übersee verlagert wird. Ohne echte Verteidigungsmöglichkeit aber war eine Groß- oder gar Weltmachtspolitik, wie sie das Wilhelminische Deutschland anstrebte, nicht realistisch. Da die Arbeiter meist sozialistisch dachten und als „vaterlandslose Gesellen" ein Gegenstand des Mißtrauens seitens der Reichsregierung waren, mochte die Erhaltung eines starken Bauerntums, das traditionsgebunden ein konservatives Bevölkerungselement darstellte, auch sozialpolitisch wünschenswert erscheinen.

So zielte die deutsche Agrarpolitik darauf ab, die rasch wachsende Bevölkerung so weit wie möglich aus dem Heimatboden zu ernähren. Völlig gelang dies nie, auch nicht in den „Erzeugungsschlachten" des auf Autarkie bedachten „Dritten Reichs". Aber die mineralische Bodendüngung im Gefolge der Erkenntnisse Liebigs, Saatzucht, Pflanzenschutz und planmäßige Tierzucht ermöglichten doch eine zunächst unerhörte Steigerung der Erträge, die bis in unsere Tage in abgeschwächtem Maße anhält. Die Kosten freilich und der Aufwand an Arbeitskräften waren groß und die Preise dementsprechend hoch. So konnten selbst Kleinbetriebe und bäuerliche Nebenerwerbsstellen (Arbeiterbauern) sich halten.

Da ausländische Produkte, selbst wenn sie billiger waren, auf dem deutschen Agrarmarkt nur so weit zugelassen wurden, als sie die heimische Produktion nicht gefährdeten, entstanden innerhalb der deutschen Grenzen Agrarräume, die sich auf solche Erzeugnisse spezialisierten, für die sie relativ günstige Voraussetzungen boten. Im Allgäu und an der Nordseeküste dominierte die Grünlandwirtschaft. Am Bodensee und Rhein und im Umland der Industriereviere und der Riesenstädte entstand ein intensiver Obst- und Gemüsebau, die Gutshöfe der dünnbesiedelten Ostgebiete übernahmen die Getreide-, Kartoffel- und Zuckerversorgung der Ballungsräume. Daneben lebte in vielen Teilen Deutschlands die kleinbäuerliche Fruchtwechselwirtschaft, verbunden mit Viehhaltung, fort; zunächst immer noch der Selbstversorgung dienend, lieferte sie lediglich die Überschüsse auf den Markt.

Die Errichtung eines europäischen Agrarmarktes löst nun eine Fülle von Schwierigkeiten aus, welche die deutsche bzw. europäische Agrarpolitik meistern muß, will sie nicht die deutsche Landwirtschaft der europäischen Einigung opfern. Die Ostgebiete mit ihren frühzeitig mechanisierten Gutsbetrieben gehören nicht mehr zum Wirtschaftsraum der Bundesrepublik Deutschland. In den verbliebenen Gebieten überwiegen Familienbetriebe und bäuerliche Nebenerwerbsstellen. Diese gerieten in die Schere der Entwicklung. Einerseits verteuert das rasche Wachstum der Industrie die Arbeitskraft, andererseits muß der deutsche Landwirt mit der ungehemmten Zufuhr billiger ausländischer Erzeugnisse in Wettbewerb treten, die im Zeichen der allenthalben zu beobachtenden Überproduktion auf den aufnahmefähigen deutschen Markt drängen. Nun hätte aber der Gemeinsame Markt seinen Sinn verloren, wenn nicht auch in dem erheblich vergrößerten Wirtschaftsraum die Produktion, auch die agrarische, an jene Stelle wanderte, wo sie am günstigsten erfolgt. In diesen Prozeß muß sich auch die deutsche Agrarwirtschaft einfügen. War von ihr bisher eine bodenintensive Wirtschaftsweise gefordert, die den größtmöglichen Ertrag pro Flächeneinheit herauswirtschaftete, wobei ungünstige Bedingungen durch erhöhten Kapital- und Kräfteaufwand ausgeglichen wurden, so muß sie jetzt darauf sehen, die Produktivität, d. h. die Ergiebigkeit der menschlichen Arbeitskraft, zu steigern und das eingesetzte Kapital möglichst zu nutzen.

Ein für den deutschen Bauern neuartiges Problem ist das Auftreten überschüssiger Agrarerzeugnisse. Absatzsorgen kannte der deutsche Landwirt im allgemeinen nicht, solange die deutsche Agrarpolitik darauf abgestimmt war, die wachsende Bevölkerung so weit wie möglich aus der nationalen Produktion zu versorgen. Im europäischen Rahmen ergibt sich nun eine völlig andersartige Situation. Die EWG ist auf dem Agrarsektor weithin Selbstversorger, ja sie erzeugt sogar Überschüsse. Der Erzeuger findet daher nicht mehr mit Sicherheit einen Markt für seine Produkte. Daher hält auch die Agrarpolitik der Gemeinschaft landwirtschaftliche Erzeugnisse aus Drittländern vom europäischen Markte fern, falls diese den Absatz der eigenen Produktion gefährden. Sie hat dazu ein System von „Abschöpfungen" geschaffen, die den Zweck haben, niedrigere Preise aus Importen auf das höhere Preisniveau des europäischen Binnenmarktes heraufzu-„schleusen". So wird zwar die eigene Produktion wirksam geschützt, aber der Verbraucher stärker belastet, auch besteht die Gefahr, daß Drittländer diesen Agrarprotektionismus der Gemeinschaft als Diskriminierung empfinden, was Rückwirkungen auf den Export von Industrieerzeugnissen haben kann, den gerade unsere Industrie benötigt.

Da der einzelne Landwirt das Risiko, ob er einen Abnehmer für seine Produkte finden wird, nicht allein tragen kann, garantiert die Gemeinschaft den Erzeugern der wichtigsten agrarischen Produkte, ähnlich wie in den USA, einen Mindestpreis. Sinken die Marktpreise infolge starken Angebots unter diesen sog. „Interventionspreis", so nehmen die „Interventionsstellen" dem Erzeuger seine Produkte zu diesem vorher festgelegten Preis ab und nehmen sie damit aus dem Markt. Sie legen dann entweder Vorräte an (so ist etwa der sog. „Butterberg" entstanden) oder suchen die Überschüsse zu niedrigeren Preisen auf dem Weltmarkt abzusetzen oder vernichten sie (häufig bei Obst und Gemüse), wo sich eine Einlagerung bzw. Veredelung nicht lohnt. Ein solches Verfahren geht aber zu Lasten des Steuerzahlers, namentlich des deutschen, da die deutsche Bundesrepublik in den europäischen Agrarfonds etwa dreimal so viel einbezahlt, wie die deutsche Landwirtschaft zurückvergütet erhält. Außerdem ist ein solches System nur dann sinnvoll, wenn es sich um gelegentliche Überschüsse handelt. Treten diese Überschüsse regelmäßig auf, dann wird eine Drosselung der Produktion bzw. eine Umstrukturierung auf die Dauer unvermeidlich. Diese Maßnahmen werden aber die deutsche Landwirtschaft, die unter vergleichsweise ungünstigen Bedingungen arbeitet in besonderem Maße treffen.

Es ist nicht so, daß die Wandlungen der Landwirtschaft ihre Ursache lediglich im Beitritt der Bundesrepublik zur Europäischen Wirtschaftsgemeinschaft hätten: Die Technisierung der Agrarwirtschaft war mit all ihren Folgen unvermeidlich. Nur bricht der lange zurückgestaute Prozeß jetzt plötzlich über unsere Gesellschaft herein. Die sozialen Auswirkungen dieses Vorgangs sind weitreichend. Das Bauerntum war der letzte „Stand" in unserer modernen Gesellschaft. Seine Lebensformen, durch Bodenständigkeit, Herkommen und Bindung an Natur und Religion geprägt, lösen sich auf. Die an den Stätten der industriellen Massenproduktion entwickelten Lebens- und Konsumgewohnheiten erfassen die Landbevölkerung. Bisher waren der Beruf des Landwirts, der Umfang seines Betriebs und damit auch der Lebenszuschnitt und die soziale Stellung innerhalb der Dorfgemeinschaft in der Regel ererbt. Nun wird – aus Amerika ist uns dies längst bekannt – eine größere Beweglichkeit von Mensch und Besitz auch auf dem Lande Platz greifen. Der Boden wandert „zum besten Wirt", die Menschen wenden sich dem einträglichsten Berufe zu. Bei wachsender Produktivität des einzelnen und steigenden Betriebsgrößen nimmt die Zahl der in der Landwirtschaft Beschäftigten laufend ab. Vor allem Kleinbauern und solche, welche die Landwirtschaft nur als Nebenerwerb betreiben, scheiden aus. Will man nun vermeiden, daß die agrarisch bestimmten Räume unseres Landes sich entleeren, weil immer mehr Menschen in die Ballungsgebiete abwandern, so muß man an Ort und Stelle Arbeitsplätze schaffen, d. h. die bisher rein ländlichen Gebiete industrialisieren sich. Dorf und ländliche Kleinstadt wandeln damit ihr Gesicht. Mehr und mehr werden auch in Agrargebieten die Dörfer Wohnsitz einer nicht in der Landwirtschaft tätigen Wohnbevölkerung, die ländlichen Marktorte werden Industriestandorte.

b) Die Industrie

Die deutsche Industrie tritt unter anderen Voraussetzungen in den Gemeinsamen Markt ein als die deutsche Landwirtschaft. Deutschland ist in hervorragendem Maße ein Industrieland. In der gewerblichen Wirtschaft verdienten nahezu die Hälfte der Erwerbstätigen ihr Brot, und die Zahl der in der Industrie Tätigen vergrößert sich laufend, weil die gewerbliche Wirtschaft und die Dienstleistungsberufe jene Kräfte aufnehmen, die von der Landwirtschaft freigestellt werden. Nun ist die deutsche Industrie von vornherein in ganz anderem Maße auf Außenbeziehungen angewiesen als die Landwirtschaft, die – abgesehen von einigen Spezialerzeugnissen – fast ausschließlich den Binnenmarkt belieferte. Gewiß gab es auch in der deutschen Bundesrepublik, wie in fast allen Ländern der Erde, Industriezweige, die durch Einfuhrzölle und sonstige Abwehrmaßnahmen begünstigt und vor ausländischer Konkurrenz geschützt wurden, so daß ihnen der einheimische Markt mehr oder weniger vorbehalten war, andererseits wurde bei uns wie bei den Partnern der lebensnotwendige Export durch die staatliche Wirtschaftspolitik auf die verschiedenste Weise gefördert. Das alles fällt nun weg, und es ist kein Zweifel, daß sich die Wettbewerbsverhältnisse im größeren Markt verändern werden. Aber die Gegebenheiten sind hier von Industriezweig zu Industriezweig verschieden, und obendrein ist der freie Strom der Güter – durch die Beseitigung der Zölle im EWG-Raum schon kräftig angeregt – doch noch gehemmt und behindert durch mancherlei „Wettbewerbsverzerrungen", wie die unterschiedliche Lohnhöhe, die ungleichen Belastungen durch Steuern (vor allem Umsatzsteuern) und Sozialabgaben, durch die in den einzelnen Ländern verschiedenartigen Sicherheits- und Zulassungsbestimmungen und manches andere mehr. Solche Hemmnisse schaffen Übergangsschwierigkeiten, und erst nach deren Beseitigung wird sich ein klares Bild gewinnen lassen, welcher Industriezweig auch im vergrößerten Markt sich behaupten kann, welcher Wachstumschancen hat, welcher Einbußen hinnehmen oder gar sich umstellen muß. Die Bewegungen, die durch das Entstehen der Sechsergemeinschaft und der EFTA ausgelöst werden, komplizieren sich dadurch, daß sie überlagert werden von solchen Entwicklungstendenzen, die weltweit zu beobachten sind, wie etwa der starken Expansion der chemischen und Elektroindustrie, und der Bedrängung der Kohle als Energieträger und Rohstoffgrundlage durch Erdöl und Erdgas.

Aufs Ganze gesehen, hat sich die Industrieproduktion der Sechsergemeinschaft seit Inkrafttreten der Römischen Verträge kräftig entwickelt, stärker als in den Ländern der EFTA und in den USA (Vergleiche mit dem COMECON sind schwer zu ziehen), und die deutsche Industrie hat mit dieser Steigerung Schritt gehalten. Zweifellos geht ein starker Anreiz zu dieser die Vollbeschäftigung gewährleistenden Konjunktur von dem lebhaften Warenaustausch der EWG-Partner untereinander aus. So nahmen 1966 die EWG-Länder 36,3% der deutschen Ausfuhr auf, sie lieferten sogar 38,2% der Einfuhr. Demgegenüber entwickeln sich die Handelsbeziehungen zu den sog. EFTA-Ländern nur langsam, was um so bedauerlicher ist, als diese Handelspartner noch mehr als die EG-Länder unsere Fertigwaren aufnehmen.

Als drittgrößte Handelsnation der Welt muß die Bundesrepublik auf einen lebhaften Güteraustausch mit allen Märkten der Welt auch über den EG-Raum hinaus bedacht sein. Daher ist für die deutsche Industrie die Gestaltung des gemeinsamen Außenzolls der EWG-Länder von großer Bedeutung. Ein niedriger Außenzoll belebt den Welthandel, ein hoher stört den Güteraustausch mit den sog. „Drittländern". Daher war für die deutsche Wirtschaft das Ergebnis der sog. Kennedy-Runde von großer Wichtigkeit. Auf Anregung des amerikanischen Präsidenten trafen sich in den Jahren 1964—67 die Vertragspartner des GATT zu einer Zollkonferenz (= Runde). Das Ziel waren weitgehende Zollsenkungen aller GATT-Mitglieder zur Belebung des Welthandels. Die EWG-Länder gingen in diese Zoll-Runde geschlossen, vertreten durch die Europäische Kommission. Nach langwierigen Verhandlungen wurden für industrielle Erzeugnisse Zollsenkungen von durchschnittlich 35% vereinbart, die schrittweise bis 1972 verwirklicht wurden. Die Verwirklichung der Beschlüsse der Kennedy-Runde führte zu einer starken Belebung des Welthandels mit Industrieerzeugnissen.

Der größere europäische Wirtschaftsraum birgt in sich die Tendenz zum Großbetrieb, namentlich auf den Gebieten der Massenproduktion genormter Güter. Zusammenschlüsse und Zusammenarbeit auf europäischer Ebene zeichnen sich ab, während manche Mittel- und Kleinbetriebe der Konkurrenz nicht mehr gewachsen sind und sich entweder zusammenschließen, in die Produktion von Spezialgütern ausweichen oder aber die Tore ihrer Fertigungsstätten schließen müssen. Im Zeichen des allgemeinen Mangels an Arbeitskräften haben sich die dabei auftretenden

sozialen Schwierigkeiten überwinden lassen, doch treten örtlich Härten auf, vor allem in Industriestandorten mit einem einzigen Fertigungszweig.
Verändern werden sich im europäischen Rahmen auch die Standortbedingungen. Immer deutlicher schält sich heraus, daß die Rhein-Rhonelinie von Rotterdam bis Marseille zur Schlagader des europäischen Verkehrs wird. Die sprunghafte Entwicklung Rotterdams als Rheinmündungshafen zeigt, wie durch den europäischen Zusammenschluß die natürliche Gunst der Lage zum Tragen kommt. Von dieser Entwicklung ziehen in Deutschland das Rhein-Main-Mündungsgebiet und das Ruhrgebiet Nutzen. Letzteres, als Deutschlands industrieller Ballungsraum von ausschlaggebender Bedeutung für das deutsche Wirtschaftsleben, lag in den Grenzen des deutschen Nationalstaates ausgesprochen exponiert, in einem großen europäischen Markt gliedert es sich in ein europäisches Industriedreieck ein. Diese Aufwertung der Lage erleichtert die unerläßliche Umstrukturierung der Ruhrindustrie. Die Bedeutung der Kohle ist im Schwinden, die Chemie wendet sich von der Kohlebasis ab, und selbst die Eisenhütten und die Stahlwerke sind mit Abnahme des Koksbedarfs in den Hochöfen nicht mehr im gleichen Maße an die Kohle standortgebunden und lassen Abwanderungstendenzen zur Küste erkennen. So zeigt sich, von den Kernstädten des Ruhrgebietes ausgehend, eine Hinwendung zur verarbeitenden Industrie und innerhalb ihrer zur ausgesprochenen Veredelungsindustrie. Noch auffälliger ist die rasche Zunahme der sog. Dienstleistungsberufe, d. h. der im öffentlichen Dienst, im Banken-, Versicherungs-, Transportwesen und im Handel Beschäftigten, eine in den Industrieländern allgemeine Entwicklung.
Schwieriger stellt sich die Lage der Industrieproduktion unter europäischem Blickwinkel in den sog. Zonenrandgebieten, in Schleswig-Holstein und in Bayern dar. Sie geraten in einem Europa der Sechs, auch der Beitritt weiterer europäischer Länder wird daran kaum etwas ändern, in eine ausgesprochene Randlage; Produktionszweige mit hohem Frachtkostenanteil an den Gestehungskosten haben es noch schwerer als bisher: Der Transport der Massengüter wird teurer, die Wege zum Verbraucher werden länger. Viel hängt hier von der Gestaltung der Wirtschaftsbeziehungen zwischen BRD und DDR, sowie jener zu Ost-, Südost- und Nordeuropa, ferner von der Gestaltung der Verkehrstarife und dem Ausbau der Verkehrswege ab. Bayerns Lage verbesserte sich, wenn Österreich in irgendeiner Form sich wirtschaftlich der EWG assoziierte. Die Rhein-Main-Donaulinie – eine zweite von der Natur vorgezeichnete Verkehrsader – belebte sich dann; ihr Ausbau als Schiffahrtsweg und leistungsfähiger Straßenzug schreitet langsam fort. Die Ölleitungen nach Ingolstadt tragen zur Verbilligung der Energieversorgung im revierfernen Bayern bei. Wenn trotz dieser Umstände auch in den ungünstig gelegenen Teilen Deutschlands die Industrialisierung rasch zunimmt, so hat das seinen Grund in dem Mangel an Arbeitskräften, der eine Mobilisierung räumlich vorhandener Arbeitskraftreserven begünstigt.

c) Die EG und die DDR

Nach dem „Protokoll über den innerdeutschen Handel", das dem EWG-Vertrag von 1957 beigegeben wurde, hatte die „Ostzone" als heimlicher Assoziierter Anteil an den EWG-Zollvorteilen und an dem liberalisierten Warenaustausch. Der Warenaustausch zwischen den beiden Teilen Deutschlands gilt als Handel innerhalb Deutschlands, wird zoll- und abschöpfungsfrei abgewickelt und ist Teil des Warenverkehrs im Gemeinsamen Markt.
Die völkerrechtliche Anerkennung der abgrenzungswilligen DDR durch die Bundesrepublik Deutschland löste im COMECON Widerstand gegen diese „besondere Bindung" der Deutschen Demokratischen Republik an die Europäische Wirtschaftsgemeinschaft aus, vor allem bei Rumänien, das selbst engere Beziehungen zur EG

anstrebt. Aber auch innerhalb der EG wuchs die Tendenz zu einer schärferen Abgrenzung, um den Abfluß ostdeutscher Güter in andere Mitgliedsstaaten zu verhindern, die im Verhältnis zur DDR die Stellung von Drittländern haben.
Das wird eine noch stärkere Einbindung der DDR in den Wirtschaftsprozeß der sozialistischen Länder mit sich bringen, der auch bereits im Sommer 1973 beschlossen wurde. Der ostdeutsche Außenhandel mit den COMECON-Ländern wuchs im 1. Halbjahr 1973 um 16%, der mit den westlichen Staaten nur um 11%. Damit wird die DDR von den übrigen RGW-Staaten, vor allem von der UdSSR, stärker abhängig, hat aber auch die Vorteile einer gesteigerten Arbeitsteilung und Spezialisierung.

Referate zu Abschnitt VII: 1. Die Lage der deutschen Seehäfen im Rahmen der EWG (Otremba: Die nat. Grundlagen der dt. Wirtschaft. Fragenkreis, Schöningh, Best.-Nr. 23120). 2. Die Wettbewerbslage eines für den Schulort wichtigen Industriezweigs im Gemeinsamen Markt (Material von der Pressestelle der regionalen Ind.- und Handelskammer bzw. einem Betrieb besorgen!). 3. Wie funktionieren auf dem europäischen Agrarmarkt die Marktordnungen für Getreide, Schweinefleisch, Obst und Gemüse? (Nr. 11, Heft I). 4. Wandlungen im Wirtschafts- und Sozialgefüge des Ruhrgebietes (Geogr. Rundschau, Jg. 1965, S. 197). 5. Die Anpassung der deutschen Agrarstruktur an die EWG (Nr. 8, Jg. 1965, Heft 1, Nr. 11 I, Nr. 13, Fragenkreise, Schöningh, Best.-Nr. 2312, 2316).

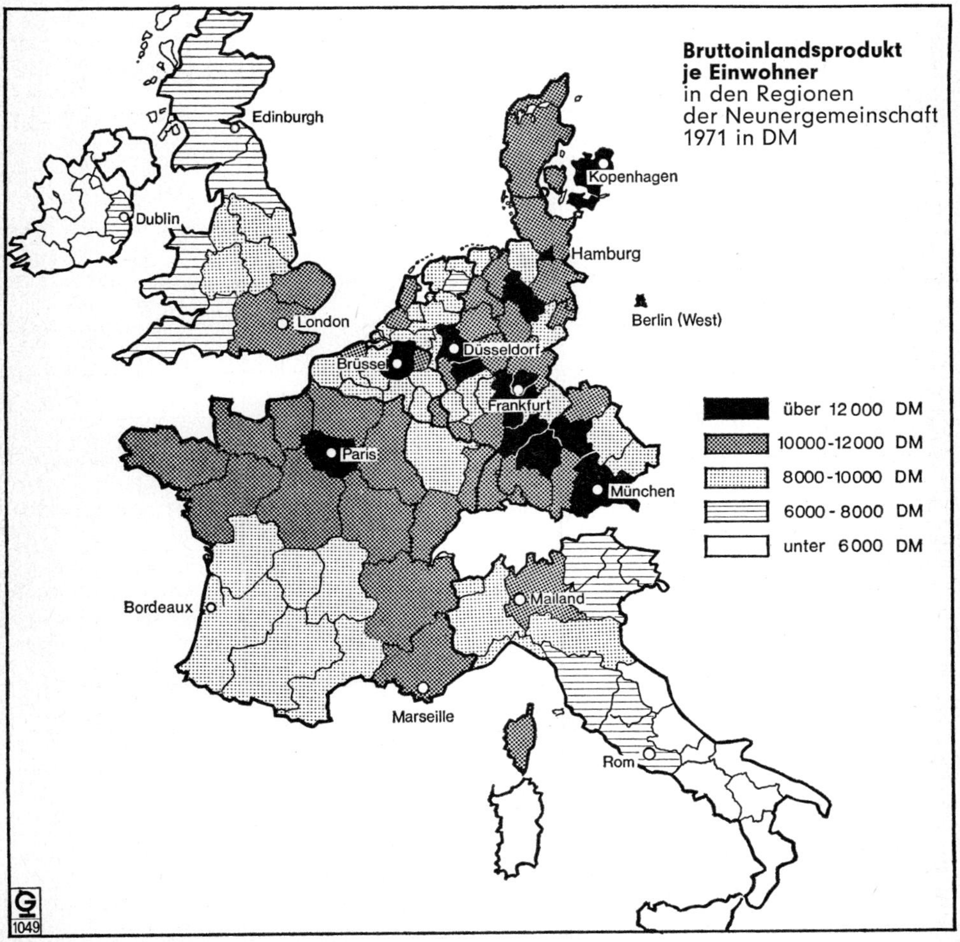

Abb. 1: Das Sozialgefälle der einzelnen Regionen in der EG.

Die Staaten der Sechser- und der Neunergemeinschaft (Mitte 1971)

Mitgliedsstaat	Fläche in 1000 km³	Bevölkerung in 1000 1971	1980	Bevölk.-Dichte	BSP in Mrd. Eu
BRD	248,5	61 284	61 745	247	207,6
Frankreich	547,0	51 350	55 320	94	162,8
Italien	301,2	53 899	57 855	179	100,6
Niederlande	40,8	13 190	14 935	323	36,0
Belgien	30,5	9 673	9 905	317	28,4
Luxemburg	2,6	343	350	132	1,0
Sechsergemeinschaft	1 170,6	189 638	200 110	162	536,5
Großbritannien	244,0	55 668	59 259	228	134,7
Irland	70,3	2 978	3 330	42	4,6
Dänemark	43,1	4 963	5 352	115	17,1
Neunergemeinschaft	1 528,0	253 247	268 024	166	692,9

Quelle: Statist. Grundzahlen der Gemeinschaft 1973

Wichtige Zusammenschlüsse der europäischen Ostblockländer

Staat Stand: 1. 1. 1974	Warschauer Pakt Moskau (6)	Rat f. gegenseitige Wirtschaftshilfe Moskau RGW bzw. COMECON (8)
VR Albanien	▼	▼
VR Bulgarien	○	○
ČSSR	○	○
DDR	○	○
VR Polen	○	○
Sozial. Rep. Rumänien	○	○
UdSSR	○	○
VR Jugoslawien		●
Mongolische VR	△	○
VR Kuba		○
VR Korea (Nordkorea)		△
VR Vietnam (Nordvietnam)		△
Finnland		□

○ Mitglied ● Assoziiertes Mitglied (ständige Kommission)
□ Sonderabkommen über wirtschaftliche und wissenschaftliche Zusammenarbeit
△ Beobachter (auch zeitweilig) ▼ Mitgliedschaft suspendiert (Sept. 1968 ausgetreten)

Wichtige Zusammenschlüsse westeuropäischer Staaten

Staat Stand: 1. 1. 1974	West-europ. Union London WEU (7)	Europ. Gemein-schaften Brüssel EG (9)	Europ. Frei-handels-Zone Genf EFTA (6)	Europa-rat Straß-burg CE (16)	Org. f. wirtsch. Zusam-menarb. u. Entw. Paris OECD (20)	Nord-atlantik-Pakt Brüssel NATO (15)
Belgien	○	○		○	○	○
Bundesrepublik Deutschland	○	○		○	○	○
Frankreich	○	○		○	○	○
Italien	○	○		○	○	○
Luxemburg	○	○		○	○	○
Niederlande	○	○		○	○	○
Griechenland		●		+	○	○
Türkei		●		○	○	○
Dänemark		○		○	○	○
Großbritannien Nordirland	○	○		○	○	○
Norwegen (Rest-EFTA)		▽	○	○	○	○
Österreich (Rest-EFTA)		△	○	○	○	
Portugal (Rest-EFTA)		▽ △	○		○	○
Schweden (Rest-EFTA)		△	○	○	○	
Schweiz (Rest-EFTA)		△	○	○	○	
Finnland (Rest-EFTA)		▽ △	●		▼	
Irland		○		○	○	
Island (Rest-EFTA)		▽ △	○	○	○	○
Spanien		H		▼	○	
Kanada					○	○
Vereinigte Staaten von Amerika					○	○
Zypern				○		
Jugoslawien		H			▼	

○ Mitglied ● Assoziiertes Mitglied ▼ beschränkte Mitarbeit auf Teilgebieten △ Assoziierung bzw. Zusammenarbeit beantragt ▽ beschränktes Freihandelsabkommen + Mitgliedschaft ruht H besonderes Handelsabkommen.

Die Europäische Sechser-Gemeinschaft im internationalen Vergleich

1971 (EFTA 1970)	EG	EFTA	USA	UdSSR	Japan	Welt
Fläche (1000 km²)	1 170,6	1 718,0	9 363,4	22 402,2	369,7	135 781
Bevölkerung (Mill.)	189,6	100,6	207,0	245,0	105,0	3 632 000
BSP (Mrd. Eu)	536,5	232,1	1 066,1	—	220,3	
Verbrauch elektr. Energie (1000 GWh)	550,6	408,5	1 570,0	678,6	345,8	4 550,5
Rohstahlerzeugung (Mill. t)	103,3	41,3	111,7	120,0	88,5	583,2
Produktion von Pkw (Mill. Stück)	8,4	1,9	8,5	0,5	3,7	24,6
Handelsflotte (1000 BRT)	30,2	55,8	16,2	16,1	30,5	173,6
Steinkohlenförderung (Mill. t)	165,1	145,5	509,6	485,0	0,0	1 788,4
Braunkohlenförderung (Mill. t)	109,5	3,8	5,8	156,1	0,0	798,3
Eisenerzförderung (Mill. t)	68,4	27,2	82,0	203,6	1,4	774,5
Rohölförderung (Mill. t)	12,3	2,9	532,0	378,0	0,8	2 464,7
Naturgasgewinnung (Mrd. m³)	78,7	13,6	636,6	212,4	2,4	1 145,2
Inlandsverbrauch Primärenergie (Mill. t SKE)	862,2	536,0	2 409,4	—	405,2	—
davon Rohöl (Mill. t SKE)	524,3	277,1	1 008,0	—	271,5	3 524,5
Fleischerzeugung (1000 t Schlachtgewicht)	13 735	5 868	23 776	10 165	1 373	—
Buttererzeugung (1000 t)	1 275	468	512	1 065	42	—
Eiererzeugung (1000 t)	2 689	1 307	4 053	2 028	1 607	—
Getreideerzeugung (1000 t)	71 524	33 164	204 604	167 534	1 323	935 000
Kartoffeln (1000 t)	35 510	15 644	14 458	93 621	3 447	302 300

Die Organe der Europäischen Gemeinschaften

Europäische Gemeinschaften (EG)
(EGKS) (EWG) (EAG)

Rat
je 1 Vertreter
der 9 Regierungen

Ständige Vertreter

Kommission
9 Mitglieder
ab 1. 1. 73: 13 Kommissare

Generaldirektionen

Europäisches Parlament
(Beratung und Kontrolle)
198 Abgeordnete
der nationalen Parlamente

Europäischer Gerichtshof
7 Richter
4 Generalstaatsanwälte

Beratender Ausschuß
(EGKS)
57 Mitglieder

Wirtschafts- u. Sozialausschuß (EWG + Euratom)
144 Mitglieder

Europäischer Agrar- und Garantiefonds

Europäischer Sozialfonds

Europäischer Regionalentwicklungsfonds

Bedeutung des Außenhandels der Neun im Rahmen des Welthandels 1971

Land	Einfuhr			Ausfuhr			
	Mio. Dollar	% des BSP	Dollar je Einwohn.	Mio. Dollar	% des BSP	Dollar je Einwohn.	
BRD	34 341	16,5	560	39 040	18,8	637	+ 4 698
Frankreich	21 057	12,9	411	20 344	12,5	397	— 713
Italien	15 830	15,7	294	14 974	14,9	278	— 856
Niederlande	14 684	40,7	1 113	13 534	37,6	1 026	— 1 151
Belgien Luxemburg }	12 334	42,0	1 232	11 969	40,7	1 195	— 366
Sechsergemeinschaft	98 247	18,3	518	99 860	18,6	527	+ 1 614
Großbritannien	23 465	17,2	422	22 354	16,4	402	— 1 111
Irland	1 837	40,8	617	1 309	29,1	440	— 528
Dänemark	4 584	26,3	924	3 615	20,8	728	— 969
Neunergemeinschaft	128 133	18,5	506	127 138	18,3	502	— 995
Griechenland	2 098	19,6	240	663	6,2	76	— 1 435
Türkei	1 085	9,1	124	677	5,7	77	— 408
Norwegen	4 090	31,7	1 046	2 565	19,9	656	— 1 525
Schweden	7 059	21,7	870	7 440	22,2	917	+ 381
Schweiz	7 227	29,5	1 153	5 764	23,5	919	— 1 463
Österreich	4 151	16,9	557	3 138	12,8	421	— 1 013
Portugal	1 772	25,7	204	1 033	15,0	119	— 739
Finnland	2 796	25,0	597	2 357	21,0	504	— 439
UdSSR	121 479	—	52	13 608	—	57	+ 1 327
USA	45 602	4,3	220	44 137	4,1	213	— 1 465
Kanada	15 460	18,0	709	17 676	0,9	811	+ 2 216
Japan	19 704	8,9	191	24 012	10,7	232	+ 4 308
Welt (ohne Ostblock)	326 900	—	—	312 000	—	—	—

Abkürzungen:

Benelux = Belgique + Nederland + Luxembourg; CERN = Conseil Europeen pour la Recherche Nucleaire; COMECON = Council for Mutual Economic Assistence; IAETA = International Atomic Energy Agency, Sitz Wien; OPEC = Organization of Petroleum Exporting Countries, Sitz Wien; GATT = General Agreement on Tarif and Trade (Allgemeines Zoll- und Handelsabkommen, 1948 abgeschlossen, 1973 85 Vollmitglieder, darunter 60 Entwicklungsländer und 5 osteuropäische Staatshandelsländer; Eur = Europäische Rechnungseinheit EG = 0,888671 g Feingold.

Quellen- und Literaturverzeichnis

Vorbemerkung: Hier wurden bewußt nur zusammenfassende Dokumentationen oder solche Publikationen angeführt, die entweder den Schulen zugegangen sind oder aber leicht beschafft werden können. Soweit es sich um die zahlreichen Broschüren handelt, die im Rahmen der Öffentlichkeitsarbeit von Verbänden etc. herausgebracht werden, möge der Schüler bedenken, daß diese Schriften unter einem bestimmten Blickwinkel verfaßt sind. Weitere Literaturzusammenstellung in: „Literatur z. Zeitgeschehen, Europa", Auswahlverz. der Studienbücherei f. Zeitgeschichte.

1. Polit., milit., wirtschaftl. Zusammenschl. der Welt, Verl. f. Zeitarchive, Bonn 1969, 9. Aufl.
2. Siegler, Heinrich: Dokumente zur Europ. Integration 1946—61, Bonn 1961.
3. Ders.: Dokumentation der Europ. Integration, Bd. II (1961—63).
4. „Weltgeschehen", Dokumentarische Berichte f. Unterricht und Studium, Vierteljahreszeitschrift, München 1964 f. (Oldenbourg).
5. Abc der Europäischen Gemeinschaften, Bonn 1968, Pressestelle des Bundesministeriums für Wirtschaft.
6. „Was ist was im Gemeinsamen Markt?" v. Dr. F. Heidelberg, Köln (Heymanns).
7. Europa im Werden I—IV, Inf. zur polit. (staatsbürgerl.) Bildg., Bonn (Bundeszentr. f. Heimatdienst) a) Folge 24/5 bzw. 60/1, b) Folge 101, c) Folge 102, d) Folge 103 e) Folge 104, Jg. 1963.
8. „Deutsche Lehrerbriefe", Remagen/Rh. (Ag. f. staatsbürgerl. Erz.), Jg. 10, H. 3—4 Jg. 11, H. 2, Jg. 12, H. 11/12, Jg. 13, H. 1, 2—3.
9. „Die europ. Integration", Düsseldorf (Deutscher Gewerkschaftsbund)
   a) Heft I: Auf gutem Kurs (EWG)
   b) Heft II: Das friedl. Atom f. Europa (EURATOM)
10. Rohn: „Europa organisiert sich", Berlin 1962 (Schmidt).
11. Sonderhefte des Inf. Dienstes d. Eur. Gemeinschaft, Bonn a) Zollunion vollendet 1968, b) Die europ. Gemeinschaft in Karten, c) Die Arbeitsweise der EWG-Organe, d) Industriemacht EWG, e) Die deutsche Wirtschaft und die EWG 1969, f) Europa — Afrika, g) Die europäischen Gemeinschaften 1969, h) Europa + Energie 1967, i) Die Europ. Gemeinschaft (EWG—Montanunion—Euratom), k) Die politische Union, l) Agrarmarkt und Agrarpolitik 1967, m) Zehn Jahre Gemeinsamer Markt in Tabellen 1968.
12. B. Woischnik: Die europ. wirtschaftl. Zusammenschlüsse, Bad Godesberg (Verlag f. Publizistik) 1963.
13. W. Schwarz: Die Landwirtschaft in der EWG, Bonn (Presse- u. Inf.-Dienst der Bundesregierung) o. J.
14. Medefind, H.: Die vier Organe der Europ. Gemeinschaften, Leer 1968.
15. Zeitschrift: „Europa", Europa-Verlag, Bad Reichenhall.
16. Zeitschrift: „Europäische Gemeinschaft", Presse- und Inf.-Dienst der EG, Bonn.
17. Schöndube/Ruppert: „Eine Idee setzt sich durch", Hangelar 1964.
18. Platz: „Europa, Weg und Aufgabe, ein Handbuch f. polit. Bildg., Bad Godesberg 1962.
19. Hartwich: Politik im 20. Jahrhundert, Braunschweig (Westermann).
20. Lojewski: „Der gemeinsame Markt in Europa", Ullstein-Buch Nr. 607.
21. Burgbacher (Hrsg.): „Bekenntnisse zu Europa", Herder-Bücherei 158.
22. Europa-Gesetze I, II, III, Goldmanns Gelbe Taschenbücher 759/60, 1468, 1469.
23. Schneider – Steindl – Ammer – Burmeister: „Einheit und Einigung Europas", München (Oldenbourg) 1964.
24. EWG: Arbeitsheft 18, Bayer. Landeszentrale f. Politische Bildungsarbeit, München 1965.
25. Die Neuner-Gemeinschaft. Aktuelle Iro-Landkarte Nr. 288, München 1972.
26. Wirtschaftliche Zusammenschlüsse. Aktuelle Iro-Landkarte Nr. 286, München 1972.
27. Wandzeitung. Wirtschaftsblock COMECON-Länder, Starnberg 1973.
28. Die Europäische Gemeinschaft. 1. Probleme der Integration. Inf. zur polit. Bildg., Bonn 1973; 2. Die Außenbeziehungen der EG. Bonn 1973.
29. Statistische Grundzahlen der Gemeinschaft. Brüssel/Luxemburg 1969—1973.